KB122371

CS6

김은영 지음

UI/UX 디자인을 위한
인디자인 실무

In Design CS6 영문버전

이 도서의 국립중앙도서관 출판예정도서목록(CIP)은 서지정보유통지원시스템 홈페이지(http://seoji.nl.go.kr)와 국가자료공동목록시스템 (http://www.nl.go.kr/kolisnet)에서 이용하실 수 있습니다.(CIP제어번호: CIP2017003955)

UI(User Interface)는 사용자의 편리성, 즉 사용자들이 웹 사이트, 웹 콘텐츠등을 편리하게 사용할 수 있는 환경을 제공하는 설계 내용을 의미한다. 또한 편리성뿐만 아니라 정보를 더 정확하고 쉽게 보여 줄 수 있도록 디자인 하는 모든 과정을 포함한다. 웹상에서 기업들의 경쟁이 치열해지고 까다로운 소비자들이 늘어남에 따라 UX/UI디자인은 그 중요도가 갈수록 높아가는 추세이다.

웹 콘텐츠에는 뉴스, 광고, 웹북, 웹툰등 다양한 유형의 콘텐츠 들이 있고 이러한 다양한 콘텐츠들을 사용자 측면에서 편리하고 쉽게 접근할 수 있도록 디자인해야 하는 것이 UI 디자인의 기본 목표이다.

인디자인은 오랫동안 오프라인 콘텐츠를 만들어내기 위해 사용되는 소프트웨어로 알려져 왔다. 그러나 현재는 웹 사이트 제작에서부터 웹 뉴스 레터, 그리고 디지털 잡지, iPad 앱, eBook 및 인터랙티브한 온라인 문서까지 다양한 웹 콘텐츠를 제작할 수 있는 모든 기능을 지원하고 있다.

포토샵이나 기타 그래픽 소프트웨어를 다룰 줄 모르는 사람도 쉽게 학습할 수 있도록 예제 위주로 책을 구성하였다. 누구나 예제를 따라하다 보면 인디자인의 다양한 기능을 배울 수 있으며 배운 기능들을 이용하여 다양한 웹 콘텐츠를 디자인 할 수 있을 것으로 생각한다.

CONTENTS

C O N T E N T S

C O N T E N T S

C O N T E N T S

제1강

제1강

편지지 만들면서 기초 익히기

학습내용

- 가이드선 만들기
- 개체 복사하기
- 글자에 밑줄 긋기
- 문서 눈금 단위 변경하기
- 밑줄 옵션 변경하기
- 사각형 프레임 사용하기

- 새문서 만들기
- 여러 이미지 동시에 배치하기
- 이미지 배치하기
- 작업 결과 미리보기
- 작업 공간 설정하기
- 선 긋기

심플한 편지지 만들기

01 디자인 시작하기

인디자인을 실행하면 다음과 같은 화면이 나타난다.

그림 1

02 문서 만들기

다음 이미지가 인디자인 첫 화면이다.

그림 2

가운데 선을 기준으로 왼쪽에는 최근에 작업했던 파일의 목록이 나타나고 오른쪽에는 새로운 작업을 선택할 수 있는 리스트를 보여준다.

➊ Document(문서)를 선택한다.

03 문서 단위 변경하기

인디자인 영문판을 설치하게 되면 기본적으로 문서의 단위는 인치(또는 pica)로 되어 있다. 만약 mm 단위로 변경해서 작업하려면 단계 ❶ 전에 단위를 변경하고 시작한다.

문서 작업을 시작한 다음에도 단위를 변경할 수 있지만 이렇게 하면 새 문서를 만들 때마다 변경해야 하는데 문서 시작 전에 변경하면 한번만 변경하면 된다.

❶ 메뉴에서 〈Edit〉-〈Preferences〉-〈Units & Increments〉를 선택한다.

❷ 다음 [Preferences] 대화상자에서 Horizontal(수평)과 Vertical(수직) 단위를 "Millimeters"로 변경하고 OK한다.

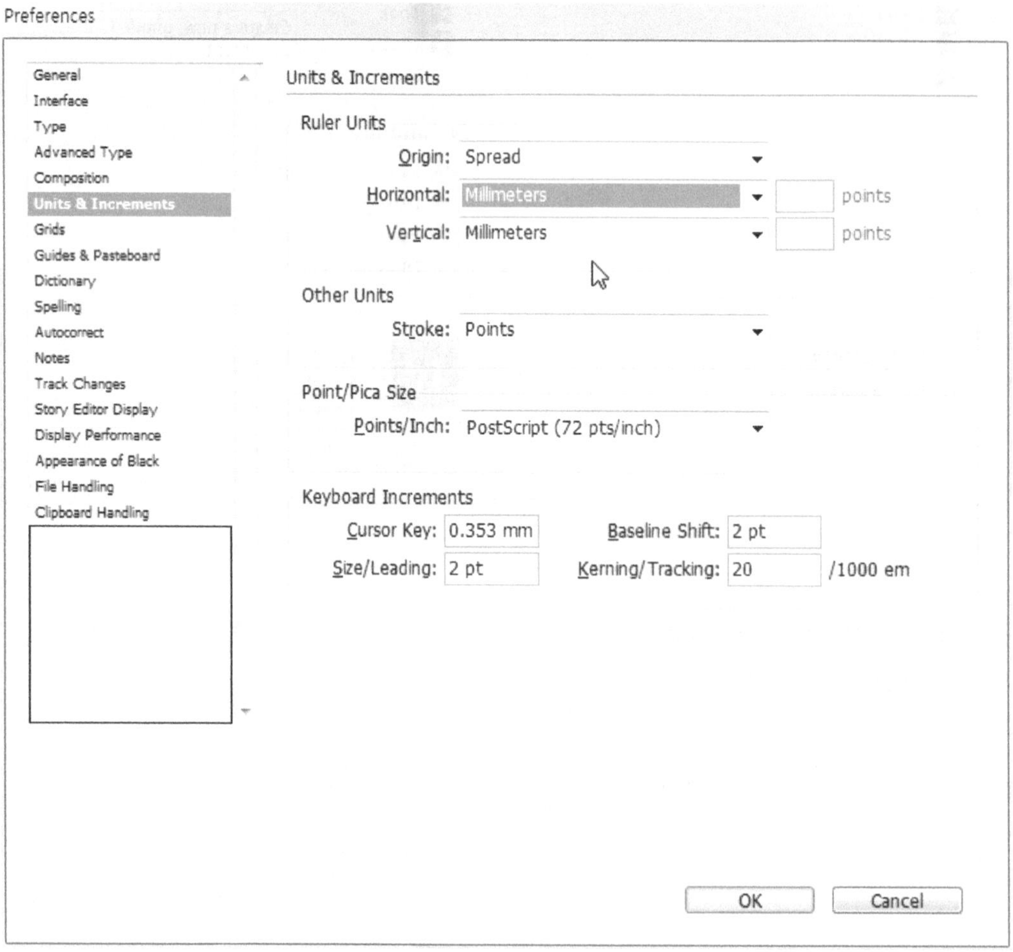

Preferences

General	Units & Increments
Interface	Ruler Units
Type	Origin: Spread
Advanced Type	Horizontal: Millimeters points
Composition	Vertical: Millimeters points
Units & Increments	
Grids	Other Units
Guides & Pasteboard	Stroke: Points
Dictionary	
Spelling	Point/Pica Size
Autocorrect	Points/Inch: PostScript (72 pts/inch)
Notes	
Track Changes	Keyboard Increments
Story Editor Display	Cursor Key: 0.353 mm Baseline Shift: 2 pt
Display Performance	Size/Leading: 2 pt Kerning/Tracking: 20 /1000 em
Appearance of Black	
File Handling	
Clipboard Handling	

OK   Cancel

그림 3

04 문서에 대한 기본 옵션 설정하기

다음은 문서에 대한 기본 옵션을 지정하는 대화상자이다.

New Document		
Document Preset: [Default] ▼	OK	
Intent: Print ▼	Reset	
Number of Pages: 1 ☑ Facing Pages	Save Preset...	
Start Page #: 1 ☐ Primary Text Frame	More Options	
Page Size: Letter ▼		
Width: 215.9 mm Orientation:		
Height: 279.4 mm		
Columns		
Number: 1 Gutter: 4.233 mm		
Margins		
Top: 12.7 mm Inside: 12.7 mm		
Bottom: 12.7 mm Outside: 12.7 mm		

그림 4

오른쪽 버튼 4개중에서 끝에 있는 More Options 버튼을 클릭하면 다음과 같이 대화상자 아래 영역이 확장된다. 다음과 같이 설정하고 OK한다.

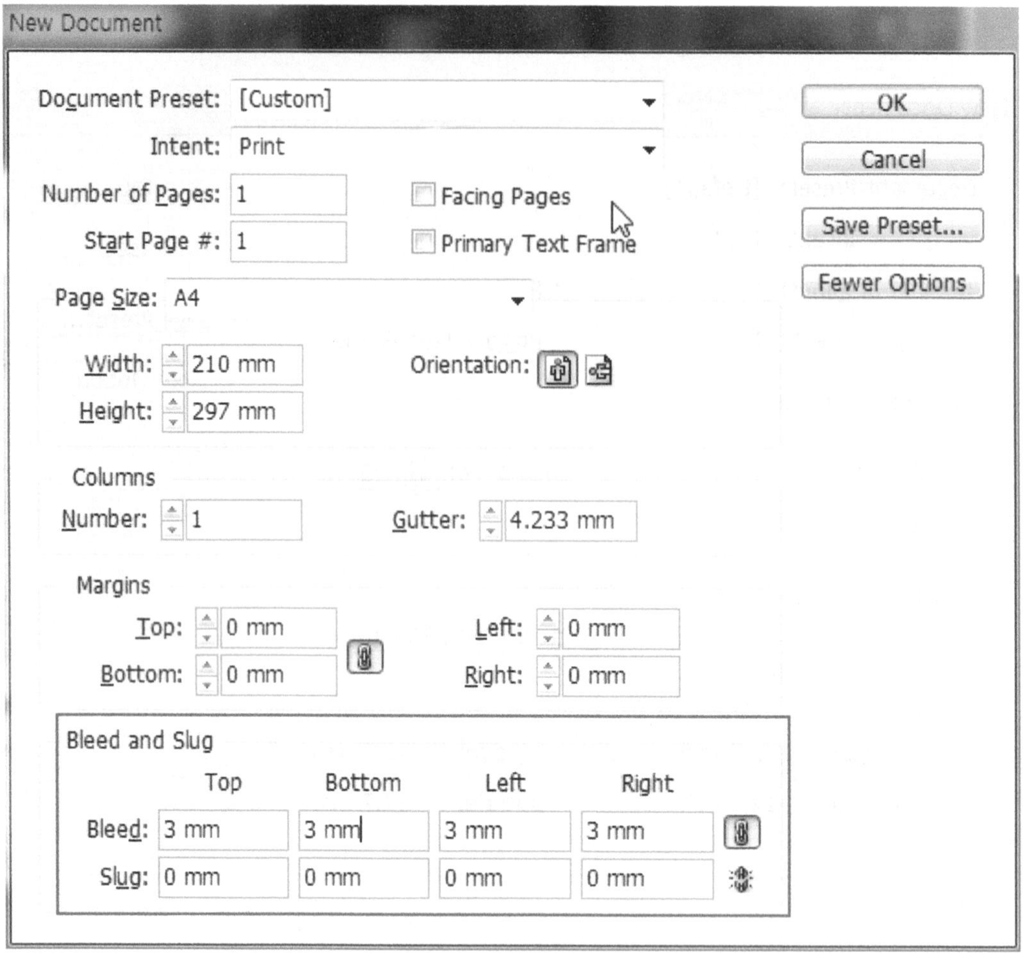

그림 5

| 새로운 문서를 위한 주요 옵션들 |

옵션	설정 값	설명
Intend	Print	제작 목적
Facing Pages	체크해제	마주보기 페이지 제작여부, 책인 경우에 체크함
Page Size	A4	문서 크기
Margins	0mm	상 하 좌우 여백
Bleed	3mm	문서의 바깥부분(도련)

- 🎚️연결 아이콘 기능 : Margins이나 Bleed와 같이 한 옵션에 대해 몇 개의 값을 지정해야 하는 경우에 한 개의 값을 지정하면 동시에 다른 값도 변경할 것인지 아니면 각각 설정할 것인지를 설정한다.
- Bleed(도련) : 그림을 페이지 가장자리 위까지 인쇄 되도록 해서 가장자리의 흰색 공간을 줄이기 위한 값이다. 인쇄 테두리 상자 밖으로 나가거나 자르기 영역 및 재단 표시 밖으로 나간 부분을 의미한다.

05 작업 환경 이해하기

다음 그림이 인디자인의 기본 작업 환경이다.

- 페이지 영역 : 작업 할 수 있는 페이지 영역이다.
- 도구 모음 : 왼쪽에는 페이지에 다양한 요소들을 추가하거나 제어할 수 있는 도구 모음들이 배치되어 있다. 각 도구에는 숨겨진 도구들이 있는데 이 숨겨진 도구들은 해당 도구를 길게 누르고 있으면 표시된다.
- 컨트롤 패널 : 위쪽에는 컨트롤 페널이 있으며, 선택한 개체에 따라서 설정할 수 있는 옵션들이 다르게 나타난다. 도구모음에서 개체를 삽입할 수 있는 도구를 선택하면 옵션들이 자동으로 변경되어 나타난다.
- 모니터링 패널 : 오른쪽 영역은 작업을 모니터하거나 변경할 수 있는 다양한 패널이 나타나는 영역이다. 이 영역의 인터페이스는 작업자가 마음대로 조정할 수 있다. 〈Window〉 메뉴에서 각 패널을 열수 있고 드래그&드롭 방식으로 내 맘대로 배치할 수 있다.

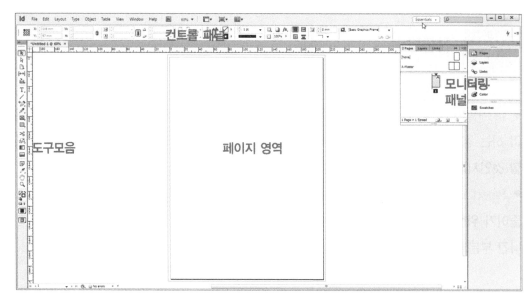

그림 6

도구모음

페이지 영역

잠깐만!!

● **작업환경 선택 버튼** : 혹시 보고 있는 화면이 위의 그림과 같지 않다면 메뉴 오른쪽 끝에 있는 작업 환경을 선택할 수 있는 버튼을 클릭하고 목록 중에 "Reset Essentials"또는 "Essentials"을 선택한다. 가장 기본적인 작업환경으로 변경할 수 있다. 작업 중 패널이나 작업 창들이 닫혀 있거나 열려 있어서 복잡하게 된 경우에도 수시로 이 메뉴를 선택하면 편하게 작업할 수 있다.

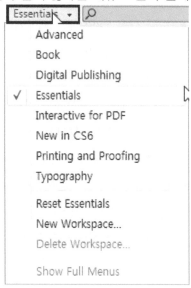

그림 7

06 가이드 선 만들기

편지지 상단에 이미지가 들어가고 그 이미지 아래부터 선이 연속적으로 그어진 편지지를 디자인해보자.

❶ 이미지와 선이 들어간 공간을 나누어 주기 위해 문서 위쪽에 보이는 가로 눈금자를 누른 상태에서 원하는 위치까지 아래로 드래그 한다.

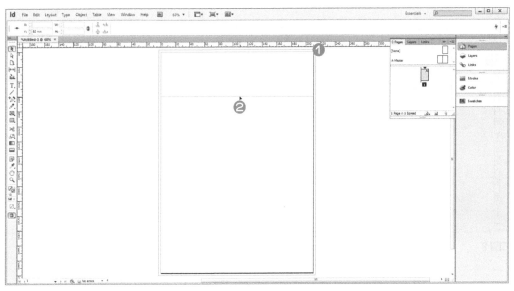

그림 8

가이드 선은 클릭해서 Delete 키로 삭제할 수 있다.

07 이미지 삽입하기

상단에 이미지를 삽입하기 위해 Rectangle Frame Tool(사각형 프레임 도구)⊠를 이용한다.

❶ Rectangle Frame Tool⊠을 클릭하고 상단영역에 드래그하여 적당한 위치와 크기를 설정한다.

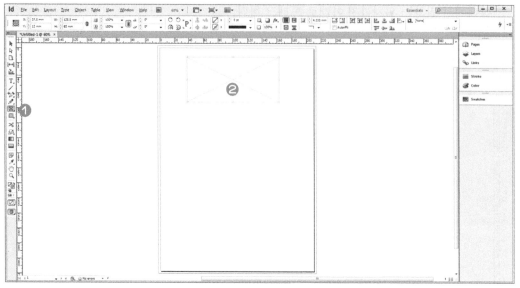

그림 9

08 배치한 프레임 안에 이미지를 불러오기

❶ 〈File〉–〈Place〉메뉴를 선택하고 원하는 이미지를 불러온다.

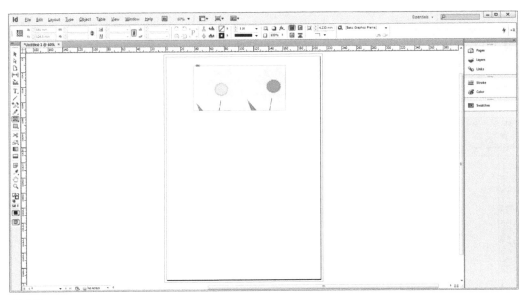

그림 10

09 이미지를 프레임안에 맞추기

불러온 이미지와 프레임 사이즈가 달라서 원하는 그림 이미지가 보이지 않는다면, 이미지를
프레임 영역에 맞게 변경해보자.

❶ 이미지가 배치된 사각 프레임을 클릭한 상태에서 〈Object〉-〈Fitting〉-〈Fit content to
Frame〉메뉴를 선택한다.

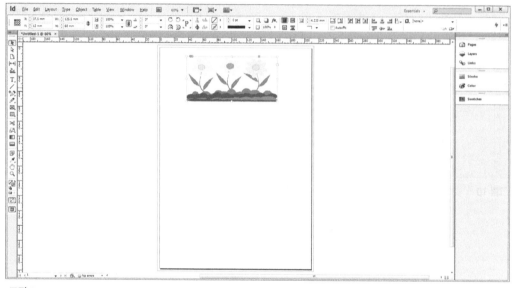

그림 11

 잠깐만!!

이미지를 프레임에 맞추는 옵션들은 다음과 같다.

Fill Frame Proportionally 프레임 사이즈 비율로 이미지 채우기

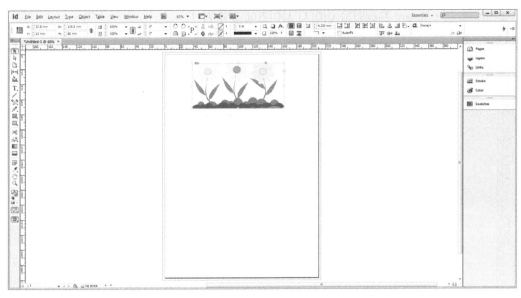

그림 12

Fit Content Proportionally 이미지 사이즈 비율을 그대로 유지하면서 프레임안에 맞추기

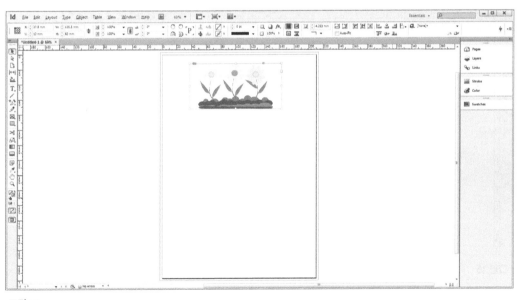

그림 13

Fit Frame to content 프레임을 이미지 사이즈에 맞추기

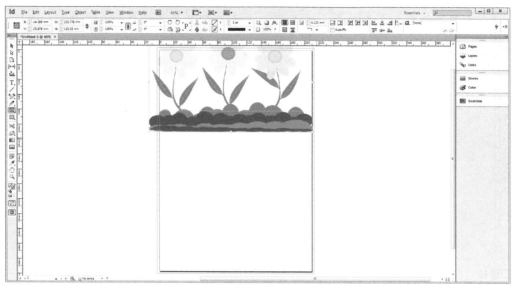

그림 14

Center content 이미지를 중심점에 맞추기

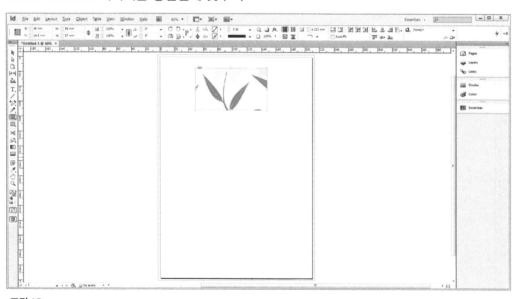

그림 15

 주의!!

인디자인에서는 포토샵이나 일러스트의 특정 메뉴를 이용해서 인디자인 파일에 직접 넣지
않는 한 모든 이미지들이 링크형태로 사용된다. 따라서 사용한 이미지의 원본파일이 없어지
거나 연결이 안되면 오류마크가 나타난다.

10 선을 그리기 위해 세로 가이드 선 만들기

선을 긋기 위해 양쪽 가이드 선을 다음과 같이 만들어 준다.

❶ 왼쪽 도구모음 옆에 있는 세로 눈금자를 눌러서 원하는 위치까지 드래그 한다.

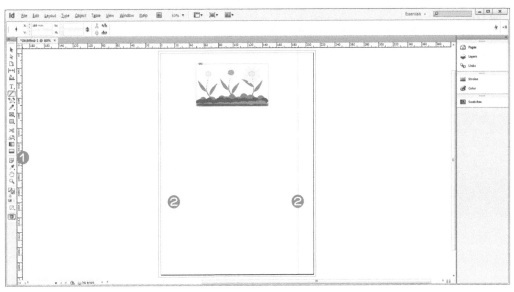

그림 16

11 선 긋기

❶ 도구 모음에서 Line tool(선 도구) ![선 도구 아이콘]를 선택하고 [Shift]를 누른 상태에서 선을 긋는다.

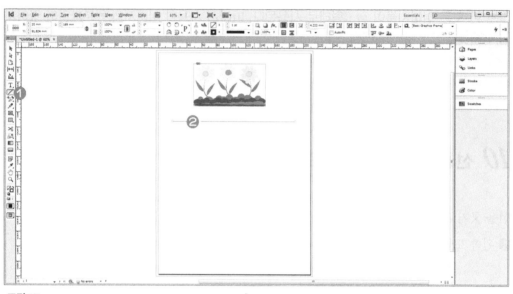

그림 17

12 선의 속성 설정하기

선이 선택된 상태에서 컨트롤 패널의 Stroke(선) ■ 색상 설정 도구를 이용한다.

❶ ■도구를 더블클릭해서 나오는 [Color Picker] 상자에서 원하는 색상을 선택하거나 ▸ 버튼을 클릭해서 나온 기본 색상 목록 중에서 선택한다.

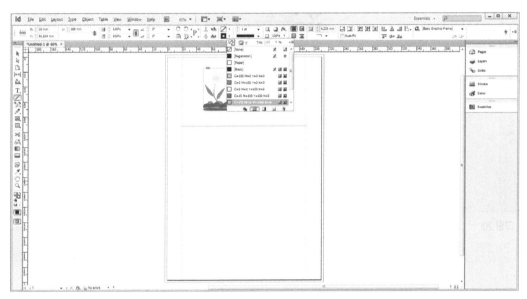

그림 18

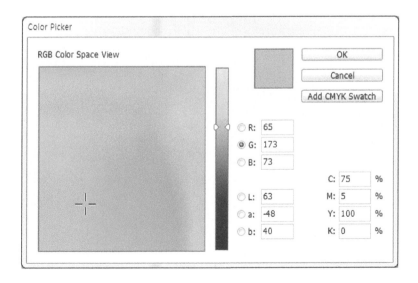

그림 19

❸ 컨트롤 패널의 선의 유형 목록 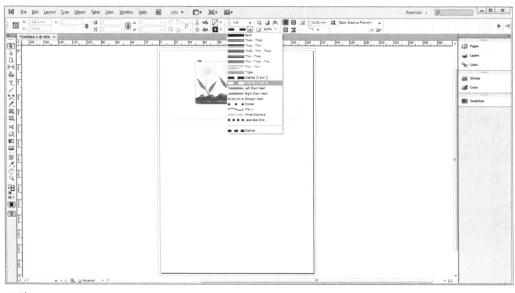 에서 선의 유형을 선택한다. 여기서는 Dashed
  (4 and 4)를 선택하였다.

그림 20

13 선 복사하기

❶ 그린 선을 선택하고 〈Edit〉-〈Step and Repeat〉메뉴를 선택한다.

❷ 다음 [Step and Repeat] 대화 상자에서 복사하려는 선의 개수와 간격을 설정하고 OK한다.

```
Step and Repeat

   Repeat
      Count:  [15]                          OK
                                          Cancel
          □ Create as a grid
                                          □ Preview
   Offset
      Vertical: [10 mm]   Horizontal: [0 mm]
```

그림 21

다음은 복사된 결과이다.

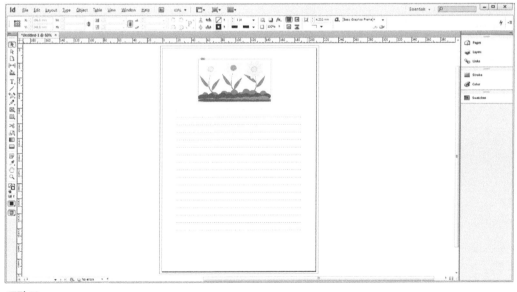

그림 22

14 또 다른 방법으로 이미지 배치하기

사각형 프레임 없이 이미지를 배치하는 방법을 사용해보자.

❶ 프레임을 만들지 않은 상태에서 〈File〉-〈Place〉메뉴를 선택하고 이미지 파일을 연다.

❷ 문서 위에서 클릭하면 클릭한 위치에 이미지 사이즈 그대로 배치된다.

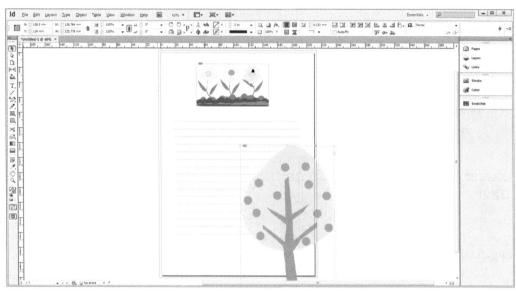

그림 23

15 배치된 이미지 속성 설정하기

❶ 이미지가 선택된 상태에서 컨트롤 패널의 사이즈 값을 다음과 같이 변경한다.

이미지에 따라서 조정하고자 하는 비율 값을 입력하면 된다. 이렇게 입력한 값은 입력하자마자 100%라는 값으로 변경되지만 이미지 사이즈는 조정되어 있다.

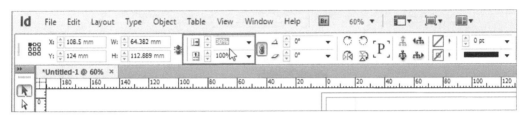

그림 24

❷ 이미지 사이즈를 축소한 결과이다. 원하는 위치로 드래그한다.

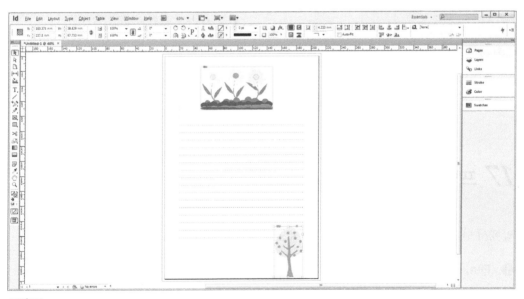

그림 25

16 미리보기

❶ 메뉴에서 Screen Mode(화면모드)▣▾를 클릭하고 〈preview〉를 선택하면 다음과 같이
가이드 선들이 보이지 않아서 출력물을 미리 확인할 수 있다.

그림 26

17 프린트하기

앞에서 만든 편지지를 인디자인에서 직접 프린트를 해보자.

❶ 〈File〉-〈Print〉메뉴를 선택한다.

❷ 다음 [Print] 대화상자에서 왼쪽의 setup 메뉴를 선택하고 Scale옵션에서 Scale to Fit옵션
을 선택한다. 프린트하는 페이지 사이즈에 자동으로 조정된다. Print 버튼을 클릭한다.

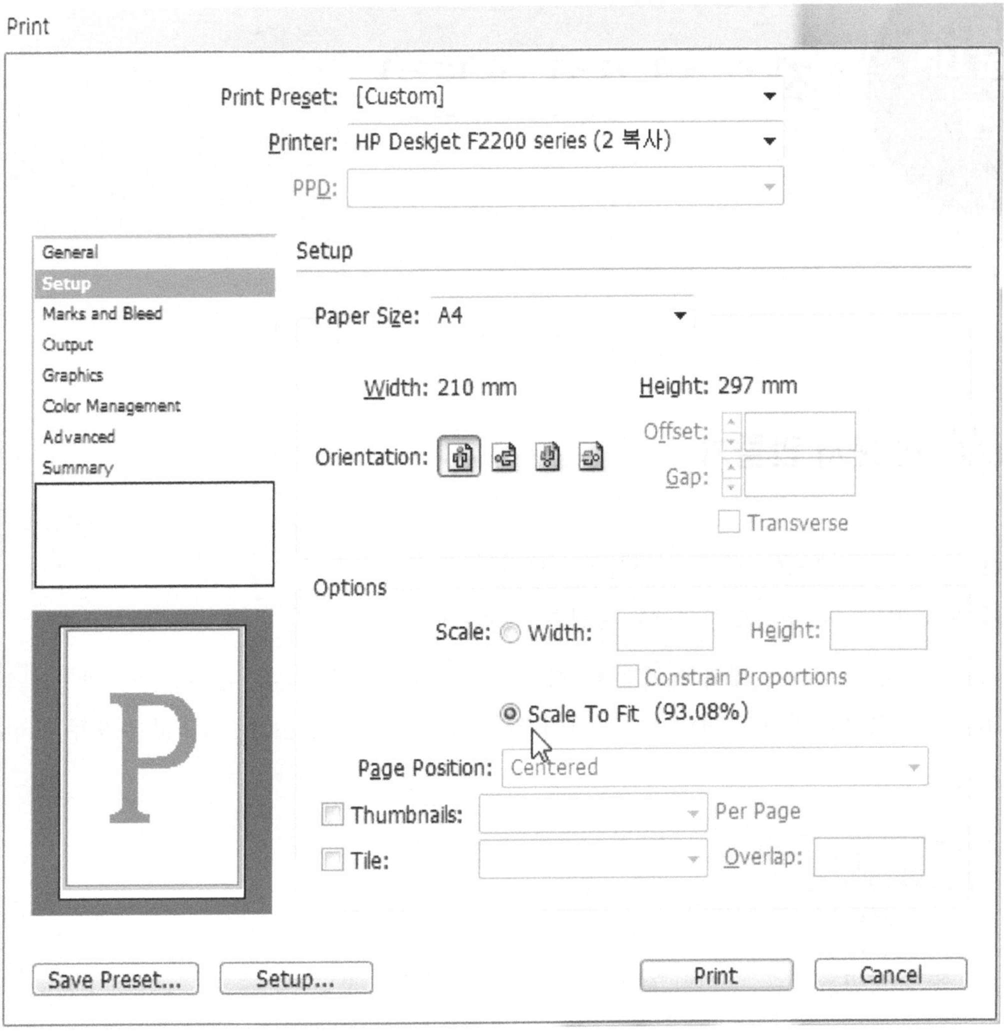

Print

Print Preset:	[Custom] ▼
Printer:	HP Deskjet F2200 series (2 복사) ▼
PPD:	▼

General
Setup
Marks and Bleed
Output
Graphics
Color Management
Advanced
Summary

Setup

Paper Size: A4 ▼

Width: 210 mm   Height: 297 mm

Orientation: 🔲 🔲 🔲 🔲

Offset: [ ]
Gap: [ ]

☐ Transverse

Options

Scale: ○ Width: [ ]   Height: [ ]

☐ Constrain Proportions

◉ Scale To Fit (93.08%)

Page Position: Centered ▼

☐ Thumbnails: [ ] ▼ Per Page

☐ Tile: [ ] ▼ Overlap: [ ]

P

[Save Preset...] [Setup...]   [Print] [Cancel]

그림 27

18 저장하기

〈File〉–〈Save〉메뉴를 선택하고 인디자인 파일 포맷으로 저장한다.

작은 편지지 만들기

01 새 문서 만들기

❶ 〈File〉-〈New〉-〈Document〉메뉴를 선택한다.

❷ [New Document] 대화상자에서 옵션을 설정한다.

Facing Pages를 체크해제 하였고 A4 사이즈에 문서의 방향을 Landscape(가로방향) 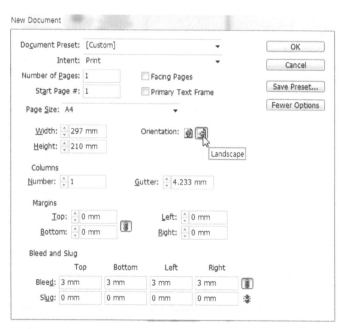 버튼을 클릭해서 변경하였다. Margins(여백)은 모두 0mm로, Bleed(도련) 값은 모두 3mm 로 설정했다.

그림 28

그림 29

02 가운데에 세로 가이드 라인 만들기

❶ 왼쪽 세로 눈금자를 눌러서 페이지로 드래그하여 아무 위치에 세로 가이드 선을 배치한다.

❷ 화면 위의 컨트롤 패널에서 X 값을 A4용지 가로 길이(297mm)의 반인 148.5mm를 직접 입력하면 정확하게 중앙에 세로 가이드 라인을 만들 수 있다.

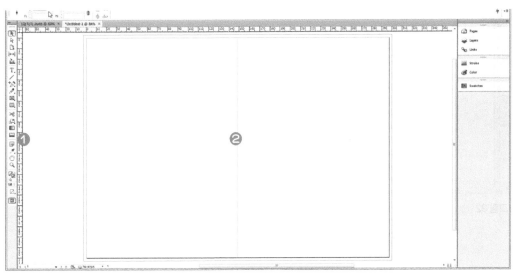

그림 30

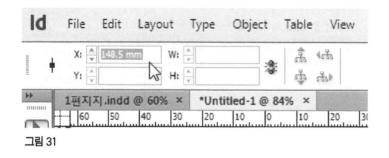

그림 31

03 사각형 프레임 만들기

❶ Rectangle Frame Tool을 클릭하고 왼쪽 영역에 드래그하여 적당한 위치와 크기를
설정한다.

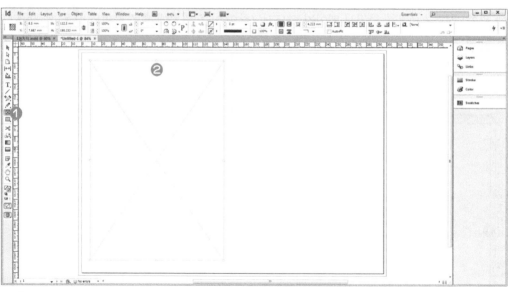

그림 32

04 사각형 프레임의 모양 변경하기

❶ 사각형 프레임이 선택된 상태에서 컨트롤 패널에서 프레임의 선 굵기를 6pt로 설정하고
선의 유형을 wave로 설정한다.

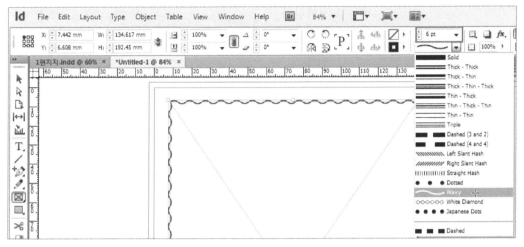

그림 33

05 배경 이미지 불러오기

❶ 사각형 프레임이 선택된 상태에서 〈File〉-〈Place〉메뉴를 선택하여 배경이 될 이미지를 불러온다.

❷ 프레임 안에 이미지를 맞추기 위해 사각형 프레임이 선택된 상태에서 〈Object〉-〈Fitting〉 -〈Fit Content to Frame〉메뉴를 선택한다.

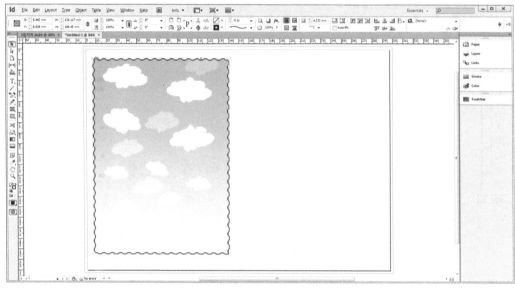

그림 34

06 이미지의 투명도 설정하기

❶ 사각형 프레임이 선택된 상태에서 컨트롤 패널의 투명도 값을 50%로 설정한다.

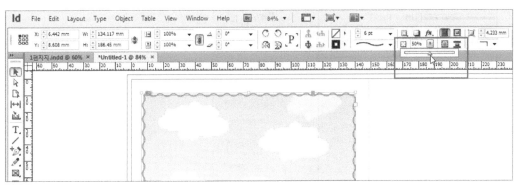

그림 35

07 새로운 형태의 선 유형 설정하기

❶ 도구모음에서 Line(선) ╱ 도구를 더블 클릭하면 Stroke(획) 패널이 나타난다.
❷ 상단의 오른쪽 끝에 보이는 버튼이 팝업메뉴 아이콘이다. 이 버튼을 클릭하고 〈Stroke Styles〉메뉴를 선택한다.

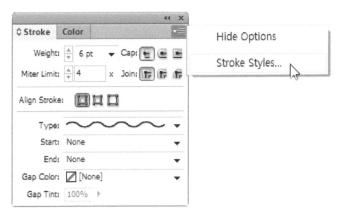

그림 36

❸ 다음 [Stroke Styles]대화상자에서 〈New〉버튼을 클릭한다.

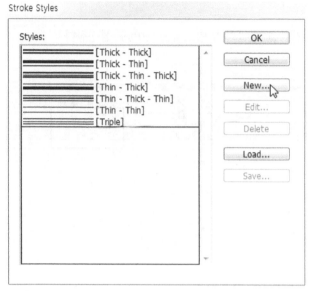

그림 37

❹ 다음 [New Stroke Styles] 대화상자에서 Name 항목에 Lights라고 입력하고 Type 항목이 Dash로 되어 있는지 확인한다. OK를 클릭한다. 다음에 나타나는 [Stroke Styles] 대화상자에서도 OK한다.

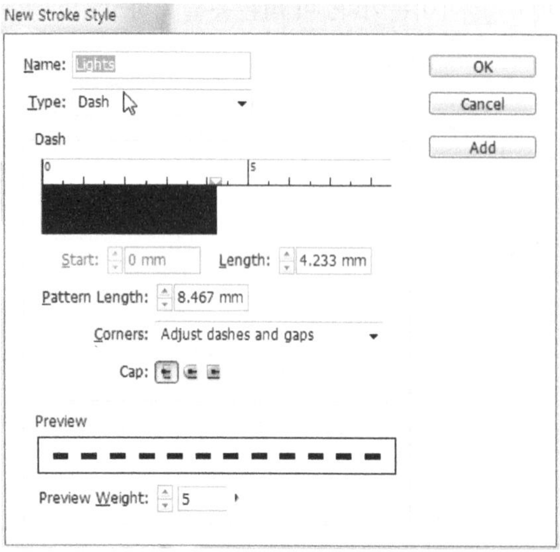

그림 38

❺ 컨트롤 패널의 선 유형 선택메뉴를 클릭하면 지금 새롭게 추가한 Lights 유형이 들어와
있다.

그림 39

 잠깐만!!

이와 같은 방법으로 다음과 같은 다른 유형의 선을 등록해서 사용할 수 있다.

Name	Type	형태
Feet	Dash	
Happy	Dash	
Rainbow	Stripe	
Woof	Dash	
Lights	Dash	

08 선 그리고 복사하기

❶ Line(선) ☐ 도구를 선택하고 적당한 위치에서 선을 긋는다.

❷ 배치한 선이 선택된 상태에서 컨트롤 패널에서 선 굵기를 2pt로 설정하고 선의 유형을
Lights로 설정한다.

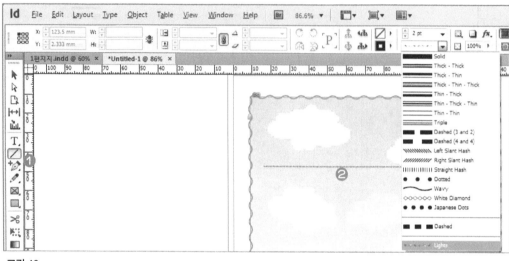

그림 40

❸ 그린 선이 선택된 상태에서 〈Edit〉-〈Step & Repeat〉메뉴를 선택하고 다음과 같이 설정하
고 OK한다.

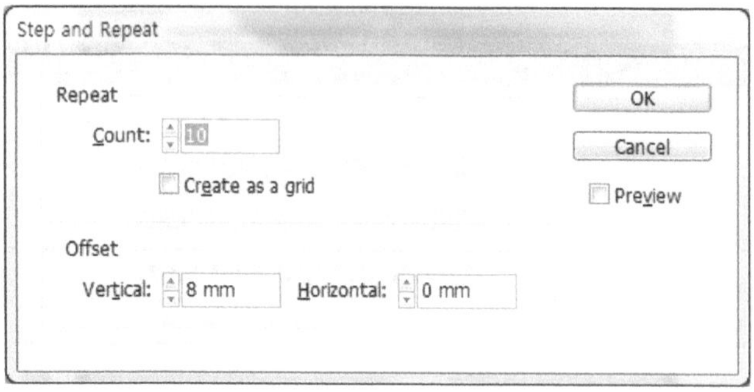

그림 41

다음과 같이 반복해서 복사 된다.

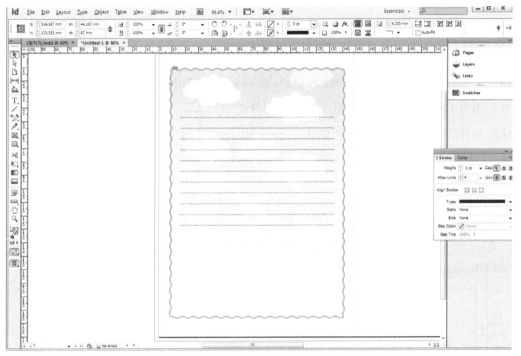

그림 42

09 화면 확대해서 보기

그려진 개체가 잘 보이지 않거나, 조금 더 세밀하게 작업을 해야 할 경우 화면보기를 확대할 수 있다.

❶ 도구모음에서 Zoom Tool(확대 도구)🔍를 클릭하고 페이지위에서 클릭한다. 계속 클릭하면 점점 더 확대 된다. 확대 된 상태에서 원하는 영역으로 이동하려면 [Space Bar]를 누른 상태로 드래그하면 쉽게 이동할 수 있다. [Space Bar]를 누르면 커서가 돋보기에서 손바닥 형태로 변경되는 것을 볼 수 있다.

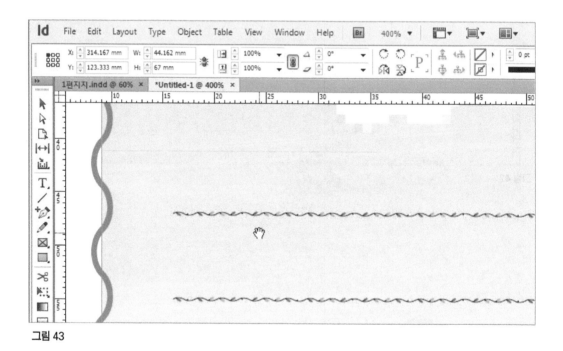

그림 43

❷ 다시 원래의 상태로 돌아가려면 Zoom Tool(확대 도구)🔍를 더블 클릭하거나, Zoom Tool(확대 도구)🔍를 선택하고, 페이지위에서 [Alt]키를 누른 상태에서 클릭하면 축소된다.

잠깐만!!

이미지나 그림 도구들을 이용하여 작업하다보면 화면상에서 깨져 보이는 경우가 있는데 최종 결과물에 문제가 되지는 않는다. 〈View〉-〈Display Performance〉-〈High Quality Display〉 메뉴를 체크하면 깨짐 현상을 해결할 수 있는데, 큰 이미지일 경우 로딩 시간이 길어질 수 있다.

10 이미지 여러 개를 한 번에 배치하기

❶ 〈File〉-〈Place〉메뉴를 선택하고 Ctrl키를 누른 상태에서 6개의 이미지 파일을 선택하고 열기를 누른다.

❷ Ctrl과 Shift키를 누른 상태에서 이미지들을 배치할 페이지 위치에서 영역을 드래그한다. 여러 개 이미지를 동시에 이런 방법으로 배치하면 기본적으로 9개의 이미지 영역을 만들어 주는데 6개 파일만 선택했기 때문에 6개 영역만 배치된다.

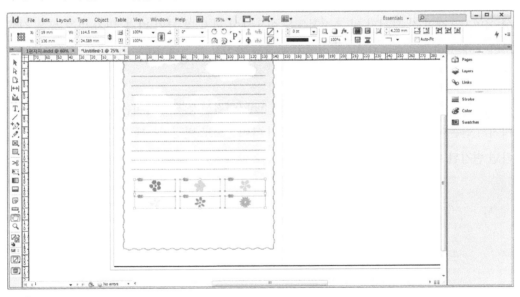

그림 44

❸ ⟨Object⟩–⟨Fitting⟩메뉴에서 이미지 사이즈에 따라 메뉴를 선택힌디. 여기서는 가져온 이미지가 프레임 사이즈보다 작기 때문에 Fit Frame to Content 메뉴를 선택했다.

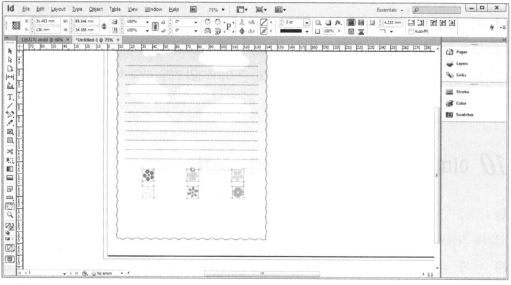

그림 45

❹ 이미지프레임 각 모서리 및 조절점들을 이용하여 회전 및 크기 변경, 위치 변경 등을 실행한다. 6개의 이미지 중에서 한 개 이미지에 대한 작업을 하려면 해당 이미지를 더블클릭하면 된다.

이때, 이미지 프레임 왼쪽 위 쇠사슬 모양의 Link(연결설정) 아이콘은 이렇게 가져온 이미지의 원본이 수정되었을 때 다른 경고 표시 아이콘으로 변경되는데, 이 아이콘을 더블클릭하면 변경된 원본이미지로 다시 연결된다.

그림 46

❺ 또한, 겹쳐진 이미지들 간에 앞 뒤 위치를 변경하려면 이미지프레임을 선택하고 오른쪽 마우스버튼을 누른 다음 나오는 메뉴에서 〈Arrange〉메뉴의 항목을 선택한다.

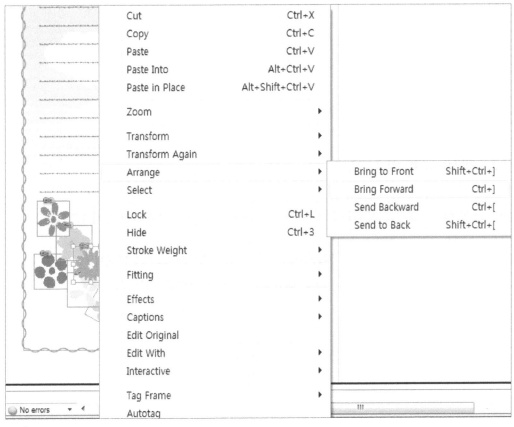

그림 47

 **잠깐만!!**

개체를 선택하고 이동시키려고 할 때 마우스 포인터가 손바닥 모양인지 아니면 화살표 형태인지 확인한다. 손바닥 모양일 때는 이미지 프레임내에서 이미지의 위치를 이동시키는 것이고 화살표 형태인 경우에는 이미지 프레임 자체를 페이지 내의 다른 곳으로 이동시킬 수 있는 것이다. 마우스 커서 위치에 따라서 다른 형태가 나타나므로 꼭 확인한다.

그림 48

11 개체 그룹화하기

여러 개의 이미지들을 그룹화하면 한 번에 이동하거나 전체 크기를 조절하기 쉬워진다.

❶ 6개의 이미지프레임을 Shift 키를 누르면서 각각 클릭하여 모두 선택한다.

❷ 마우스 오른쪽 버튼을 눌러서 나온 메뉴에서 〈Group〉메뉴를 선택하면 선택한 이미지들이 그룹으로 묶어진다.

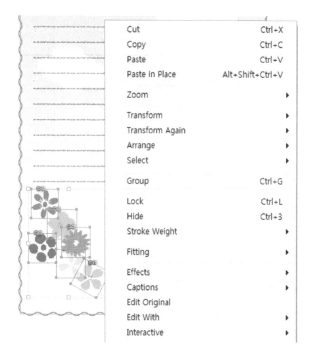

Cut	Ctrl+X
Copy	Ctrl+C
Paste	Ctrl+V
Paste in Place	Alt+Shift+Ctrl+V
Zoom	▸
Transform	▸
Transform Again	▸
Arrange	▸
Select	▸
Group	Ctrl+G
Lock	Ctrl+L
Hide	Ctrl+3
Stroke Weight	▸
Fitting	▸
Effects	▸
Captions	▸
Edit Original	
Edit With	▸
Interactive	▸

그림 49

잠깐만!!

작업할 때 여러 개체를 동시에 선택하려면 [Shift]키를 누르면서 각각 클릭하여 선택 할 수도 있지만 선택하려는 개체들을 드래그하여 한 번에 선택할 수 있다. 그러나 이 예제에서는 6개의 이미지프레임을 포함하는 사각영역을 드래그하면 바탕이미지를 위해 배치한 프레임까지 선택된다. 이런 경우에는 바탕이미지 프레임을 선택하고 오른쪽 마우스 버튼을 눌러서 나온 메뉴에서 〈Lock〉메뉴를 선택하면 바탕이미지 프레임은 고정이 되고 선택되지 않는다.

12 텍스트 입력하기

편지지에 글자를 입력해보자.

❶ 도구 모음에서 Type(문자)[T] 도구를 선택하고 컨트롤 패널에서 글꼴과 사이즈를 설정한다.

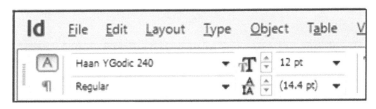

그림 50

❷ 페이지 영역에서 텍스트를 입력할 공간을 드래그하여 영역을 설정하고 글자를 입력한다.

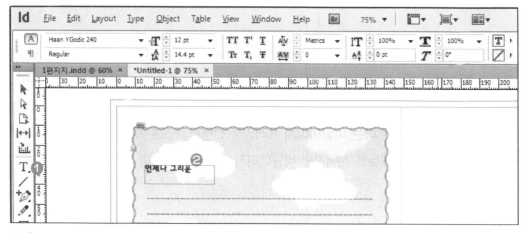

그림 51

13 글자 꾸미기

❶ 입력한 글자를 드래그해서 선택하고 컨트롤패널에서 텍스트 Fill(채우기)도구 ▱ 를 더블 클릭한다.

그림 52

❷ 다음의 [Color Picker] 대화상자에서 원하는 글자 색상을 설정하고 OK한다.

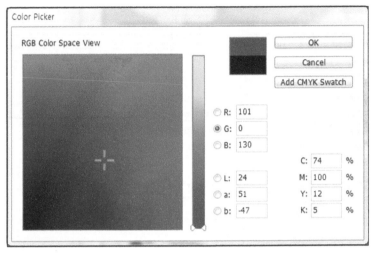

그림 53

❸ 색상이 적용되었으면, 이제 밑줄을 긋는다. 글자가 블록으로 선택된 상태에서 컨트롤 패널에서 Underline(밑줄) T 도구를 클릭하여 밑줄을 긋는다.

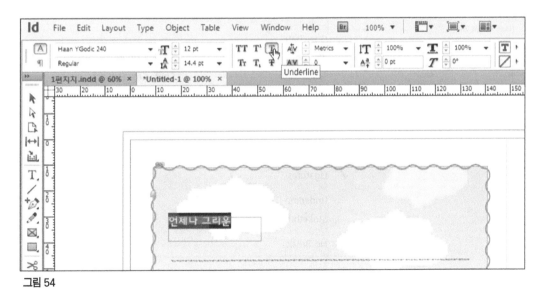

그림 54

❹ 밑줄 그은 글자들이 블록으로 선택된 상태에서 [Character](문자) 패널을 화면에 표시하기 위해 메뉴에서 〈Type〉-〈Character〉메뉴를 선택한다.

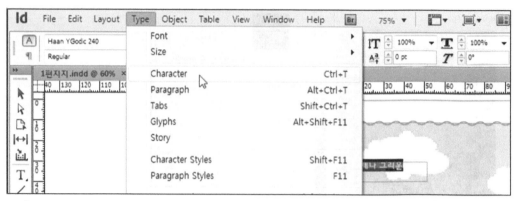

그림 55

❺ 나타나는 [Character] 패널에서 상단 오른쪽 끝에 있는 팝업메뉴 아이콘▼을 클릭한 다음, 나타난 메뉴에서 〈Underline Options〉메뉴를 선택한다.

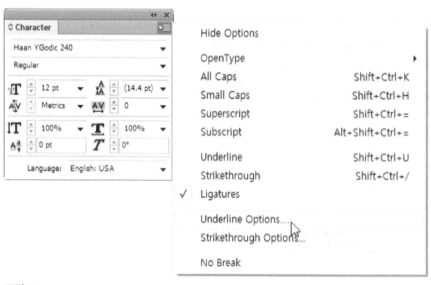

그림 56

❻ 다음 [Underline Options] 대화상자에서 값을 설정한다.

앞에서 텍스트 크기를 12pt로 설정해서 입력했기 때문에 이 값을 기준으로 다음과 같이 설정하였다.

하이라이트 형광펜 색은 앞에서 글자색을 밝은 색으로 선택했다면 여기서는 조금 어두운 색을 설정하는 것이 좋다.

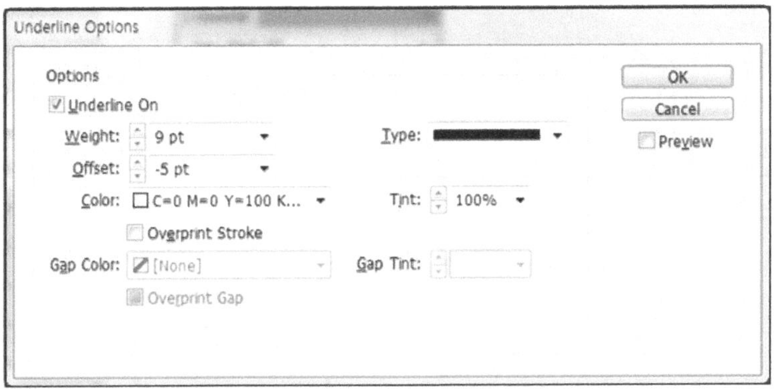

```
Underline Options

Options                                              ┌─── OK ───┐
 ☑ Underline On                                       ├─ Cancel ─┤
   Weight: ⬍ 9 pt          ▼    Type: ▬▬▬▬▬ ▼    ☐ Preview
   Offset: ⬍ -5 pt         ▼
    Color: ☐ C=0 M=0 Y=100 K... ▼   Tint: ⬍ 100%  ▼
          ☐ Overprint Stroke
 Gap Color: ▨ [None]        ▼   Gap Tint: ⬍ [    ] ▼
          ☐ Overprint Gap
```

그림 57

옵션의 기능은 다음과 같다.

옵션	설명
Underline On	밑줄 기능 여부, 체크하지 않으면 다음 값을 지정할 수 없다.
Weight	줄 두께, 글자보다 두껍게 하려면 글자 사이즈보다 크게 지정한다.
Offset	밑줄을 그은 글자와 줄과의 거리·마이너스 값을 주면 겹치게 된다.
Color	줄 색상

다음과 같이 형광펜을 그은 효과가 나타난다.

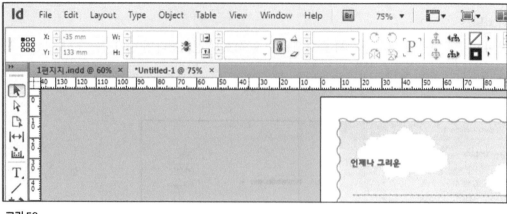

그림 58

14 선 추가하기

앞의 단계에서의 설명을 참고하여 다음과 같이 필요한 선들을 추가한다.

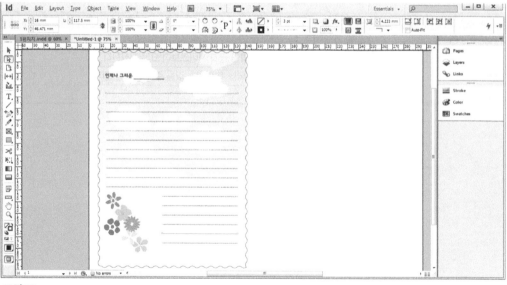

그림 59

15 편지지 복사하기

이렇게 만들어진 편지지를 페이지 오른편에 그대로 복사하자.

❶ 편지지 전체를 포함하는 사각영역을 드래그해서 편지지 전체 개체를 선택한다.

❷ Shift + Alt 키를 누르면서 오른쪽 영역으로 드래그한다. 전체가 복사된다.

혹시, 앞 단계에서 배경이미지 프레임에 Lock을 걸었다면 선택되지 않으므로 선택하기 전에
메뉴에서 〈Object〉-〈Unlock All on Spread〉메뉴를 선택해서 Lock을 풀어준다.

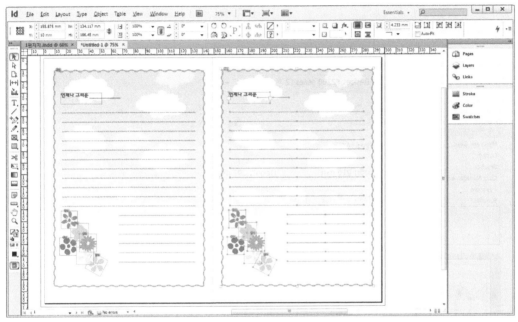

그림 60

16 프린트하기

앞에서 만든 편지지를 인디자인에서 직접 프린트를 해보자.

❶ 〈File〉-〈Print〉메뉴를 선택한다.

❷ 다음 [Print] 대화상자에서 왼쪽의 Setup 메뉴를 선택한 다음, 용지 방향을 변경하고 Scale옵션에서 Scale to Fit옵션을 선택한다. 프린트하는 페이지 사이즈에 자동으로 조정된다. 프린트 버튼을 클릭한다.

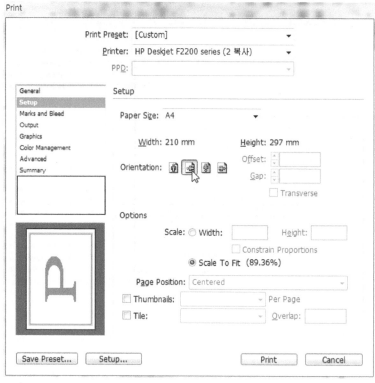

그림 61

실 | 습 | 예 | 제

앞에서 학습한 내용들을 참고하여 다음을 디자인한다.

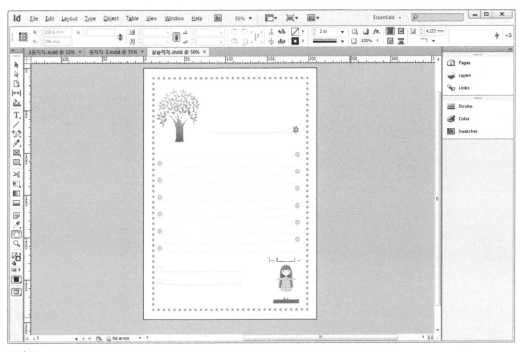

그림 62

 Hint!!

◉ 사각형 프레임 : 선 두께 9pt, 선 유형 Japanese dots

◉ 선 : 선 두께 3pt, 선 유형 Japanese dots

◉ 선과 선 끝의 이미지를 그룹화 한 뒤 복사

엽서를 만들면서 기초 다지기

학습내용

- 개체들을 그룹으로 묶기
- 개체를 회전하기
- 별색 만들기
- 사각형 프레임 안에 텍스트 배치하기
- 여러 개의 이미지를 한 번에 불러오기
- 정확한 위치 및 사이즈 설정하기
- 좌표 기준점 변경하기

- 텍스트 프레임 내부 여백 설정하기
- 텍스트 프레임 안의 텍스트 정렬하기
- 텍스트 프레임의 배경색과 테두리 색 설정하기
- 텍스트 프레임의 형태 바꾸기
- 텍스트에 아웃라인 만들어서 각 글자마다 다르게 형태 변경하기
- PDF로 내보내기

단면 엽서 만들기

A4 사이즈를 기준으로 2장의 엽서가 들어간 크기로 만들어 보려고 한다.

01 새 문서 만들기

❶ 〈File〉-〈New〉-〈Document〉메뉴를 선택한다.

❷ 다음 [New Document] 대화상자에서 옵션을 설정하고 OK한다.

Facing Pages를 체크해제 하였고 A4 사이즈, Margins은 모두 0mm로, Bleed 값은 모두 3mm로 설정했다.

그림 1

02 가운데 위치에 가로 가이드 선 만들기

❶ 가로 눈금자를 눌러서 페이지로 드래그하여 아무 위치에서 가로 가이드 선을 배치한다.

❷ 화면 위의 컨트롤 패널에서 Y값을 A4용지 가로 길이(297mm)의 반인 148.5mm를 직접 입력하면 정확하게 가운데 위치에 가로 가이드 선을 만들 수 있다.

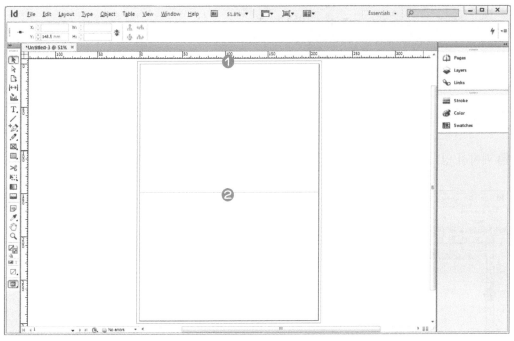

그림 2

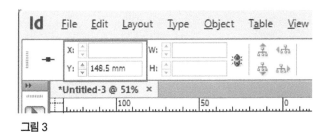

그림 3

03 텍스트 위치 정확하게 설정하기

❶ 도구 모음에서 Type(문자)⊤ 도구를 선택하고 컨트롤 패널에서 글꼴과 사이즈를 설정한다.

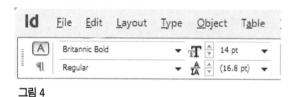

그림 4

❷ 페이지 영역에서 텍스트를 입력할 공간을 드래그하여 영역을 배치하고 글자를 입력한다.

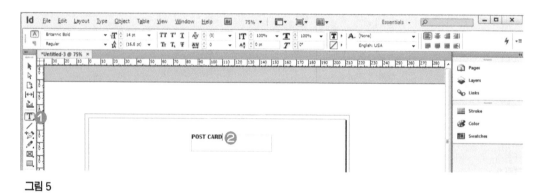

그림 5

❸ 텍스트 프레임안에서 텍스트를 중앙에 정렬하기 위해 텍스트 프레임 안에 커서가 있는 상태에서 Align center(가운데 정렬)▤버튼을 누른다.

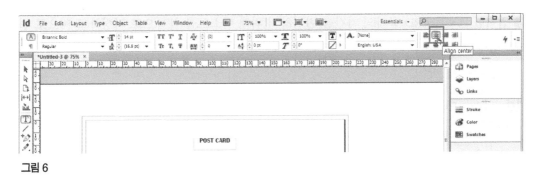

그림 6

❹ 이번에는 텍스트 프레임 자체를 페이지 정 중앙에 위치시키기 위해 텍스트 프레임을 선택하고 Reference Point(기준점)▦를 가운데로 변경한 다음, X 위치 값을 210mm의 반인 105mm X: 105 mm 로 설정한다.

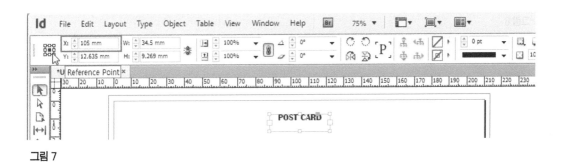

그림 7

04 텍스트 자간 변경하기

❶ 입력한 POSTCARD 글자의 자간을 변경하기 위해 텍스트를 블록으로 지정하고 50으로 변경하였다.

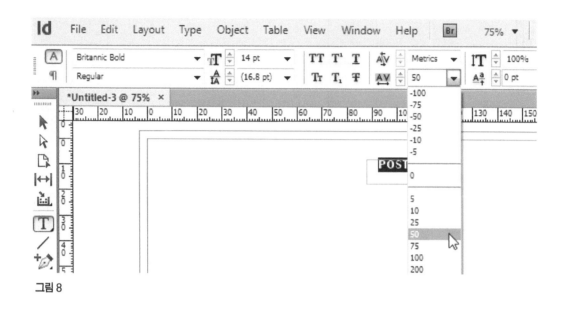

그림 8

 잠깐만!!

텍스트의 자간을 변경하는 방법에는 블록으로 설정한 텍스트 전체에 Tracking 💠 도구를 이용하여 모두 변경할 수도 있고, 변경하기를 원하는 위치를 클릭해서 Kernning 💠 도구를 이용하여 특정 부분에 대한 자간만을 설정할 수도 있다.

05 가운데에 세로 가이드 선 만들기

❶ 왼쪽 세로 눈금자를 눌러서 페이지로 드래그하여 아무 위치에서 세로 가이드 선을 배치한다.

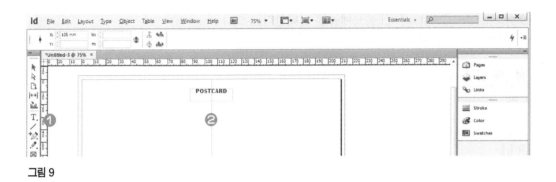

그림 9

❷ 화면 위의 컨트롤 패널에서 X 값을 A4용지 가로 길이(210mm)의 반인 105mm를 직접 입력해서 정확하게 중앙에 세로 가이드 선을 만든다.

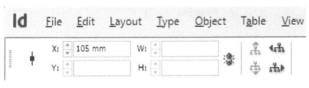

그림 10

06 사각형 프레임 안에 텍스트 넣기

❶ Rectangle Frame Tool [⊠]을 클릭하고 왼쪽 영역에 드래그하여 적당한 위치와 크기를 설정한다,

❷ ⟨Object⟩-⟨Content⟩-⟨Text⟩메뉴를 선택한다.

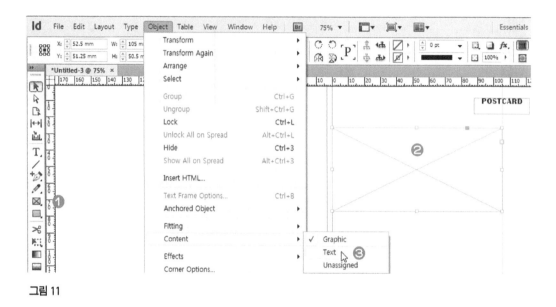

그림 11

❸ 프레임 안에서 더블 클릭하고 원하는 글꼴과 사이즈를 설정한 다음, 다음과 같이 텍스트를 입력한다.

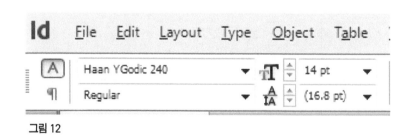

그림 12

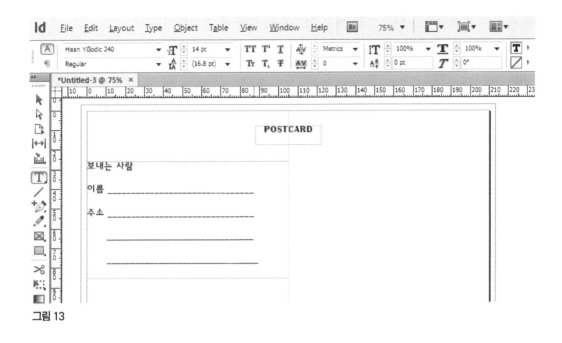

그림 13

07 텍스트 프레임 안의 텍스트 정렬하기

❶ 텍스트 프레임안의 텍스트를 블록으로 설정하고 Align center(가운데 정렬)🔳버튼을 누른다.

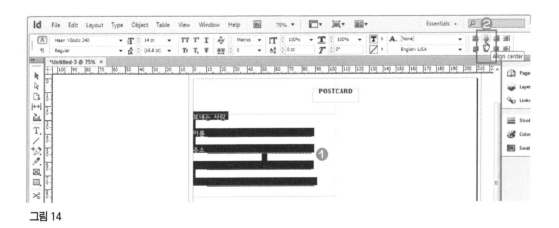

그림 14

❷ 텍스트 프레임안의 텍스트를 세로 기준으로 중앙에 정렬하기 위해 〈Object〉-〈Text Frame Options〉메뉴를 선택한다.

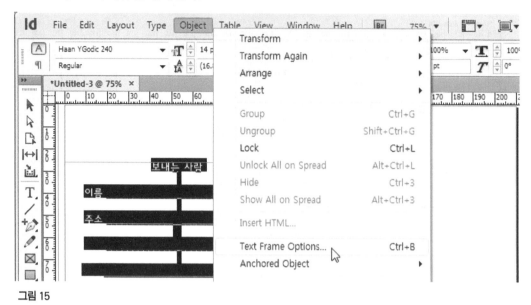

그림 15

❸ 다음 [Text Frame Options] 대화상자에서 Vertical Justification(세로 맞추기)옵션의 Align을 Center로 지정하고 OK한다.

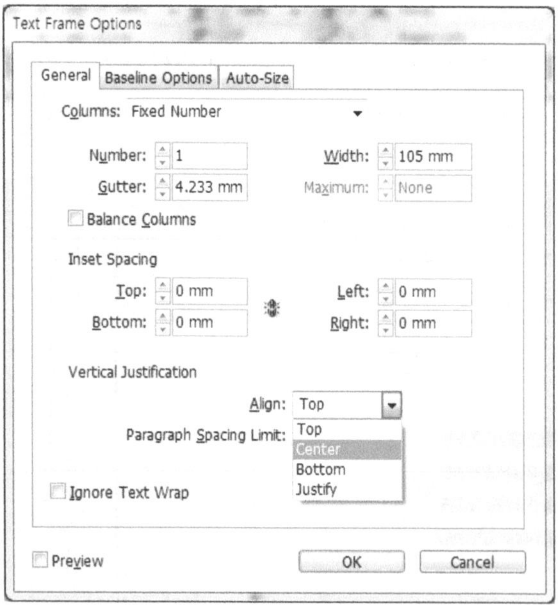

그림 16

08 사각형 그리기 도구 사용하기

❶ 우편번호 자리를 위해 Rectangle(사각형) ▣ 도구를 클릭하고 페이지에서 사각형을 그린다.
❷ 그려 넣은 사각형이 선택된 상태에서 〈Edit〉-〈Step and Repeat〉메뉴를 선택한다.

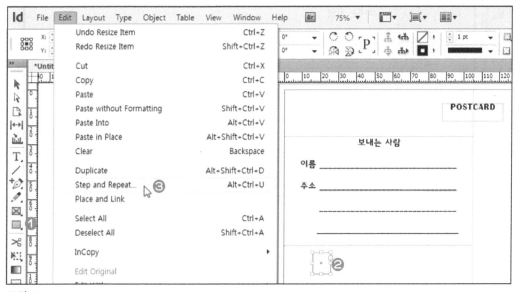

그림 17

❸ 다음에 나타나는 [Step and Repeat] 대화상자에서 다음과 같이 설정하고 OK한다.

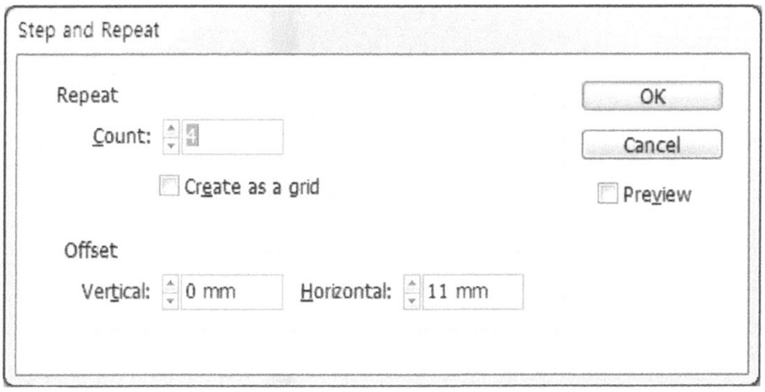

그림 18

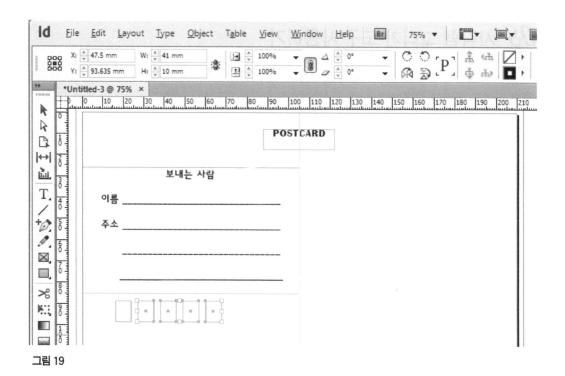

그림 19

09 텍스트 윤곽선 만들어서 글자 꾸미기

❶ 도구 모음에서 Type(문자) [T]도구를 선택하고 컨트롤 패널에서 글꼴과 사이즈를 설정한다.

❷ 다음과 같이 받는 사람을 입력한다.

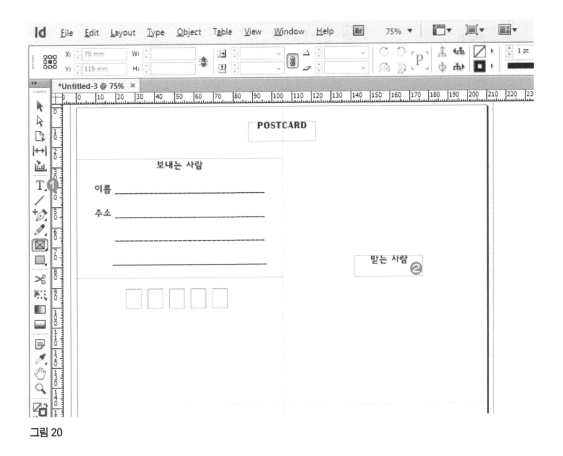

그림 20

❸ Rectangle Frame Tool[⊠]을 클릭하고 페이지 오른쪽 영역에 드래그하여 적당한 위치와 크기를 설정한다.

❹ ⟨Object⟩–⟨Content⟩–⟨Text⟩메뉴를 선택한다.

❺ 프레임 안에서 더블 클릭하고 원하는 글꼴과 사이즈를 설정한 다음, 다음과 같이 텍스트를 입력한다.

이 단계의 작업 방법은 앞 단계의 설명을 참고한다.

그림 21

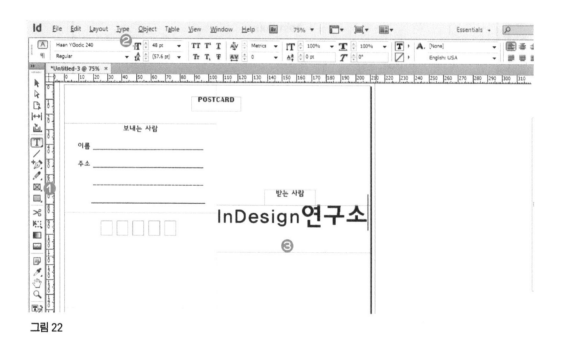

그림 22

❻ 이제, 텍스트 프레임 안에 입력한 텍스트들을 각각 제어하기 위해 다음 작업을 수행한다. In을 블록 지정한 다음 〈Type〉-〈Create Outlines〉메뉴를 선택하여 윤곽선을 만든다. 그리고 동일한 방법으로 Design, 그리고 〈연구소〉 단어를 각각 차례로 블록 지정한 다음 〈Type〉-〈Create Outlines〉메뉴를 선택하여 윤곽선을 만든다.

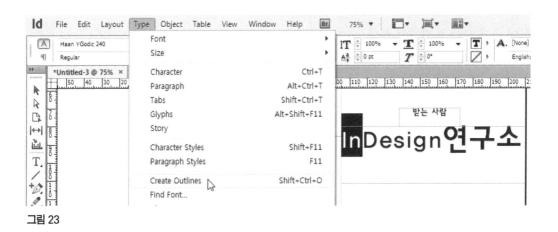

그림 23

10 윤곽선을 만든 텍스트 이동하기

윤곽선을 만든 텍스트는 각각 선택이 가능해진다.

❶ 윤곽선을 만든 글자를 각각 클릭해서 조절점을 이용하여 회전, 크기 변화, 이동 등을 실행하여 글자 모양을 디자인 한다.

텍스트가 개별적으로 선택이 잘 안되는 경우, 선택 Selection(선택) 도구를 한번 클릭해준 다음 선택해 본다.

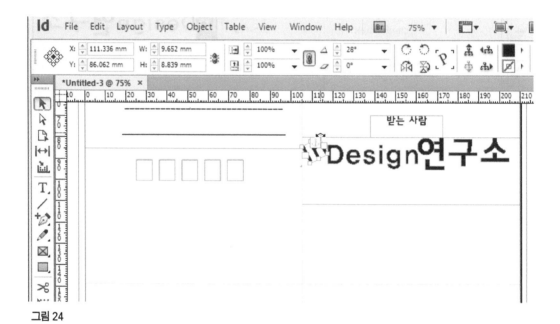

그림 24

다음은 윤곽선을 만든 텍스트들을 움직이고 색상을 변경해서 만든 결과이다.

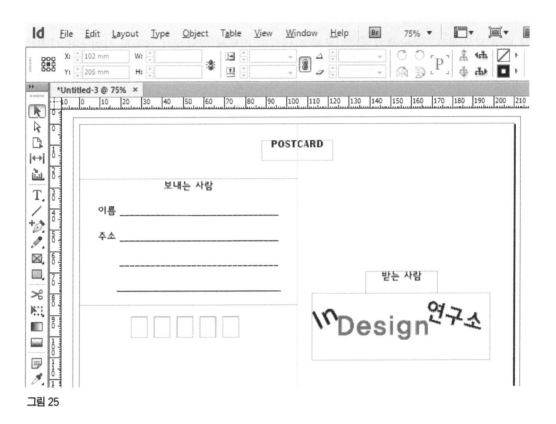

그림 25

11 텍스트 추가하기

❶ 도구 모음에서 Type(문자) T 도구를 선택하고 컨트롤 패널에서 글꼴과 사이즈를 설정한
다. 다음과 같이 주소를 입력한다.

그림 26

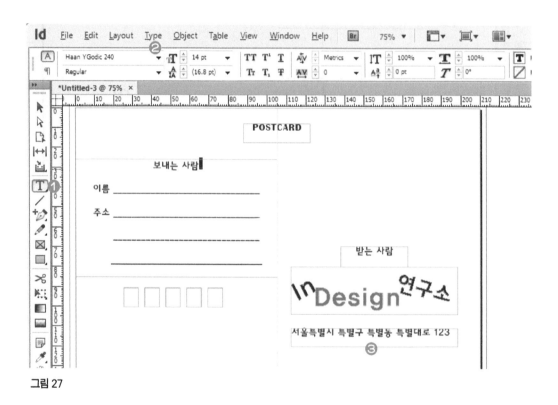

그림 27

12 텍스트 프레임의 외곽선 지정하기

❶ 보내는 사람에 대한 우편번호 영역을 이번에는 Type(문자)〔T〕 도구를 이용해서 다음과
같이 배치하고 숫자 1을 입력한다.

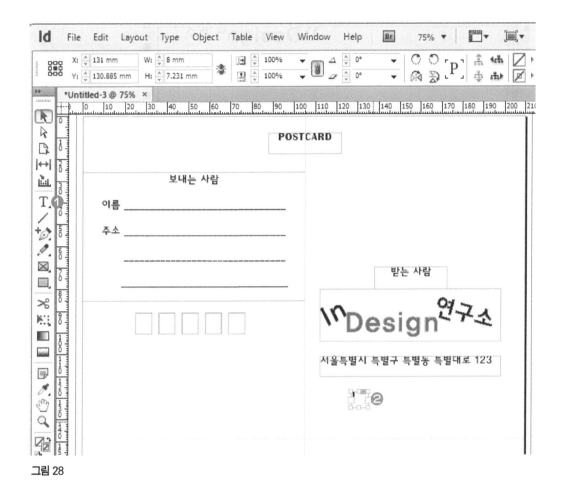

그림 28

❷ 입력한 텍스트의 외곽선을 설정하기 위해 컨트롤 패널에서 Stroke(획) ■▪ 색상 버튼을
클릭하고 Black을 선택한다.

그림 29

❸ 숫자 1이 가로 중앙에 위치하도록 하기 위해 숫자 1을 블록 지정하고 컨트롤 패널에서
Align center(중앙 정렬)⧉ 버튼을 누른다.

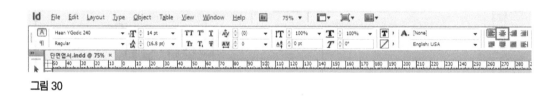

그림 30

❹ 또한, 텍스트 프레임안의 텍스트를 세로 기준으로 중앙에 정렬하기 위해 〈Object〉-〈Text
Frame Options〉메뉴를 선택한다.

❺ 다음 [Text Frame Options] 대화상자에서 Vertical Justification(세로 맞추기)옵션의
Align을 Center로 지정하고 OK한다.

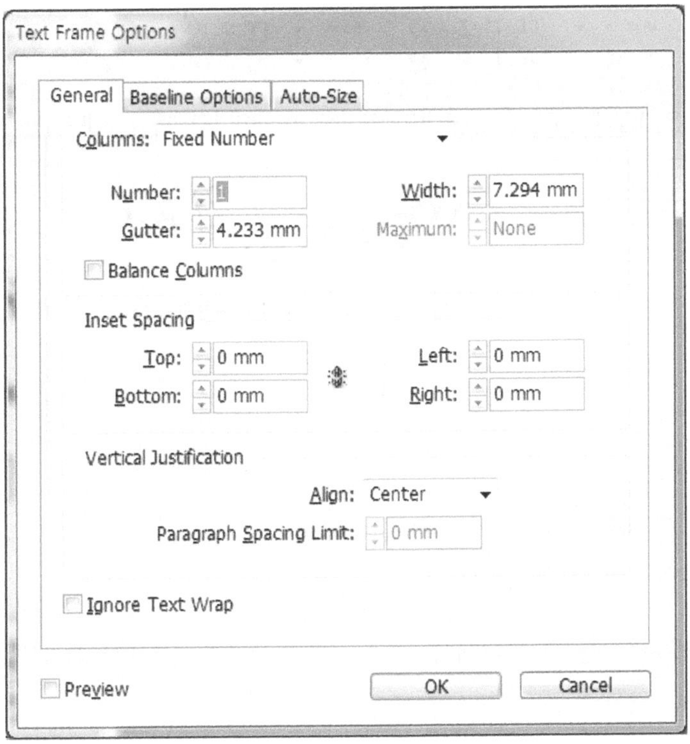

Text Frame Options

General | Baseline Options | Auto-Size

Columns: Fixed Number ▼

Number: 1   Width: 7.294 mm
Gutter: 4.233 mm   Maximum: None

☐ Balance Columns

Inset Spacing
Top: 0 mm   Left: 0 mm
Bottom: 0 mm   Right: 0 mm

Vertical Justification
Align: Center ▼
Paragraph Spacing Limit: 0 mm

☐ Ignore Text Wrap

☐ Preview   OK   Cancel

그림 31

다음과 같이 텍스트 프레임 안에 숫자 1이 정 가운데 위치하게 된다.

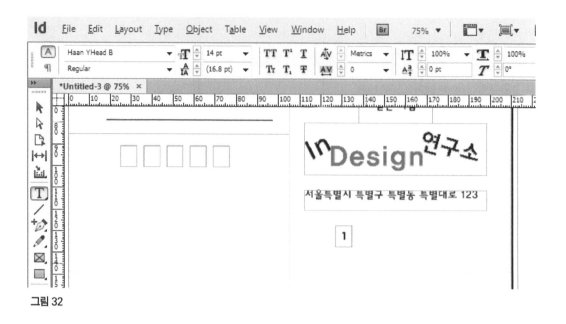

그림 32

❻ 숫자 1을 입력한 텍스트 프레임을 선택한 상태에서 〈Edit〉-〈Step & Repeat〉메뉴를 선택한다.

❼ 다음과 같이 반복 횟수와 가로 간격을 입력하고 OK한다.

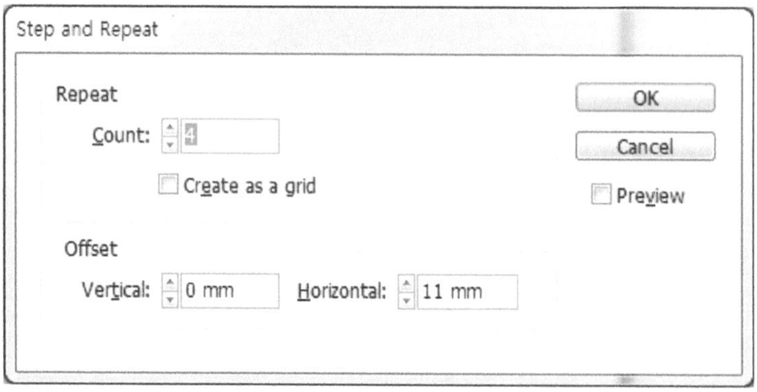

그림 33

다음과 같이 반복 복사된다.

그림 34

❽ 복사된 텍스트 프레임에 각각 숫자를 입력한다.

그림 35

13 텍스트 프레임 형태 변경하기

❶ 우표영역을 디자인하기 위해 Type(문자) **T** 도구를 클릭하고 이용해서 다음과 같이 오른쪽에 배치하고 글자를 입력한다.

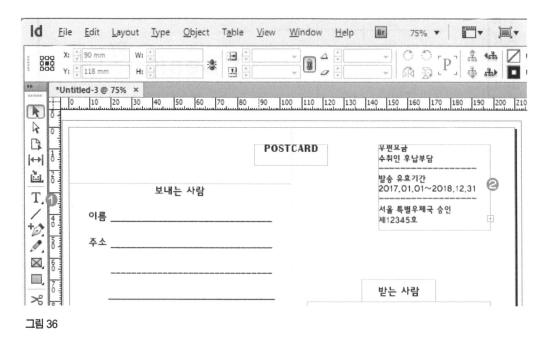

그림 36

❷ 입력한 내용이 가로 중앙에 위치하도록 하기 위해 글자들을 블록 지정하고 컨트롤 패널에서 Align center(중앙 정렬) 버튼을 누른다.

그림 37

❸ 입력한 텍스트 프레임이 선택된 상태에서 〈Object〉-〈Convert Shape〉-〈Ellipse〉메뉴를
선택한다.

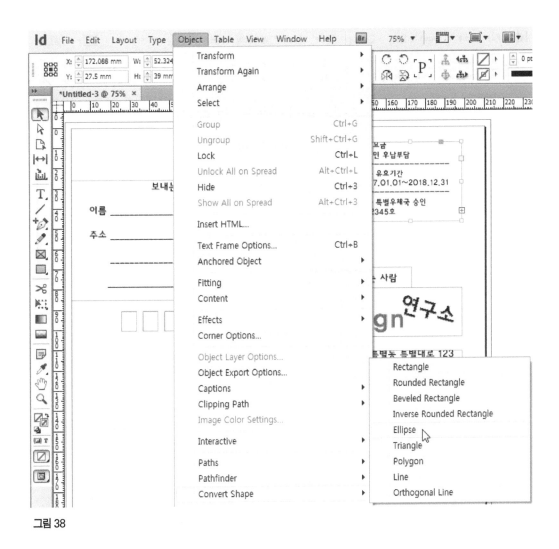

그림 38

❹ 텍스트 프레임 형태가 원형으로 변경되었으면, 입력한 텍스트의 내용이 잘 보이도록 위치 및 크기를 조절한다.

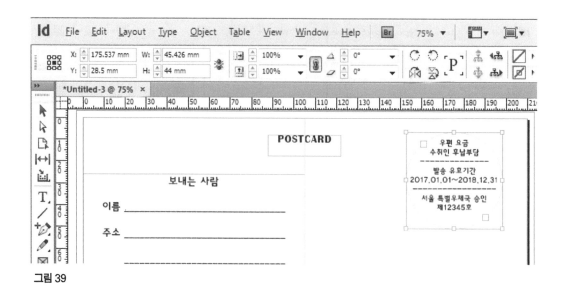

그림 39

14 전체 복사하기

❶ A4용지에 2장을 제작하려고 했으므로 이렇게 완성된 엽서 전체를 마우스로 드래그해서 선택한 다음 아래 영역에 복사하여 붙여 넣는다.

❷ 다음은 재단을 편하게 하기 위해 가운데에 점선을 넣은 결과이다.

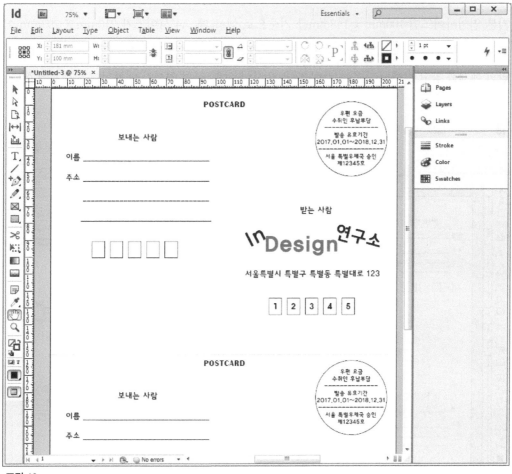

그림 40

실 | 습 | 예 | 제 1

앞에서 제작한 단면 엽서는 작업 단계를 잘 보여주기 위해 실제 사용되는 엽서 규격에 비해
큰 사이즈로 제작하였다.

기본 엽서사이즈인 100mm x 148mm를 기준으로 했을 때, A4 사이즈가 210mm X 297mm 이
므로 한 페이지에 엽서 4장이 포함되도록 제작하면 기본 규격에 맞는 엽서를 제작할 수 있다.
앞의 예제를 참고로 해서 다음과 같이 A4용지 사이즈에 4장의 엽서가 배치되도록 디자인 한다.

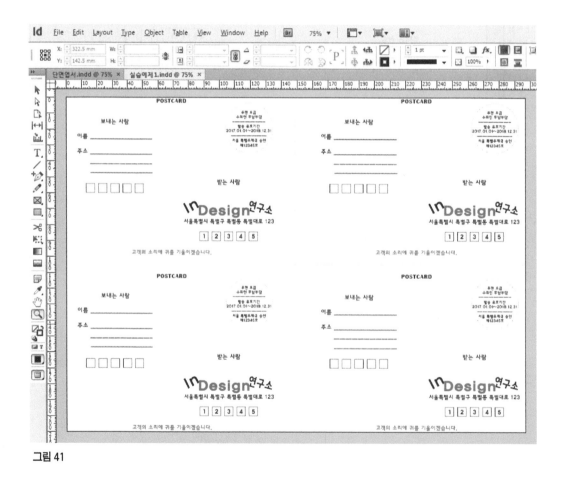

그림 41

양면 엽서 만들기

01 새문서 만들기

❶ ⟨File⟩-⟨New⟩-⟨Document⟩메뉴를 선택한다.

❷ [New Document] 대화상자에서 다음과 같이 설정한다.

양면 엽서를 제작할 것이므로 Pages값은 2로 지정하고, Width(폭)와 Height(높이) 값은 엽서

크기의 150mm X 100mm 사이즈를 지정한다.

책이 아니므로 Facing pages는 체크를 해제한다.

tip

Page Size항목의 현재 값을 그대로 두고 Width(폭)와 Height(높이) 값을 입력하면 Page
Size 항목의 값은 자동으로 Custom으로 변경된다.

New Document

| Document Preset: | [Custom] ▼ | | OK |
| Intent: | Print ▼ | | Reset |

Number of Pages: 2   ☐ Facing Pages

Start Page #: 1   ☐ Primary Text Frame

Save Preset...

Fewer Options

Page Size: Custom... ▼

Width: 150 mm   Orientation: ⬆ ⬅

Height: 100 mm

Columns

Number: 1   Gutter: 4.233 mm

Margins

Top: 0 mm   Left: 0 mm

Bottom: 0 mm 🔗   Right: 0 mm

Bleed and Slug

	Top	Bottom	Left	Right	
Bleed:	3 mm	3 mm	3 mm	3 mm	🔗
Slug:	0 mm	0 mm	0 mm	0 mm	🔗

그림 42

02 배경 이미지 배치하기

❶ 사각형 프레임 ⊠.을 도련크기에 맞게 그린다.

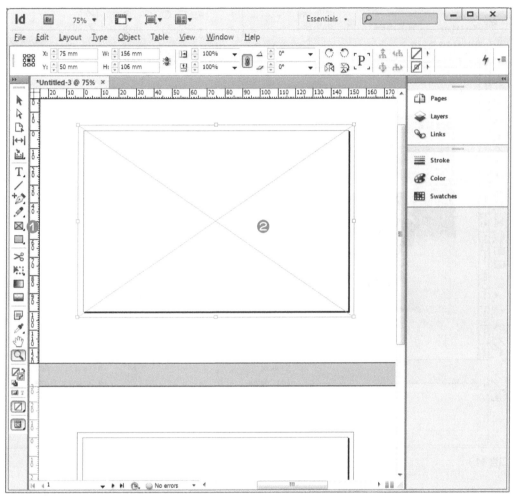

그림 43

❷ 〈File〉-〈Place〉메뉴를 선택하고 이미지파일을 연다.

❸ 프레임 안에서 마우스 오른쪽 버튼을 누르고, 나온 메뉴에서 〈Fitting〉-〈Fill Frame Proportionally〉메뉴를 선택한다.

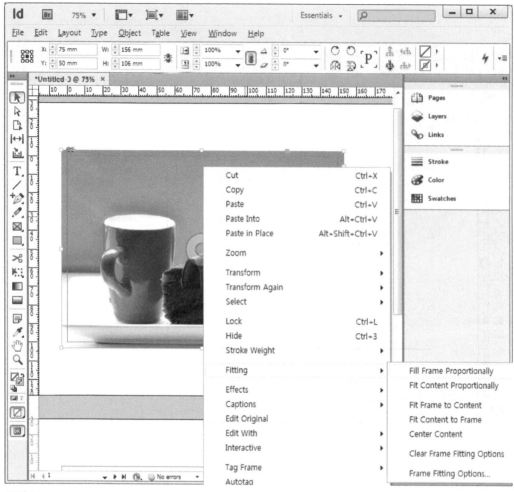

그림 44

④ 가로 눈금선과 세로 눈금선을 드래그하여 중심 위치에 가이드 선을 만든다.

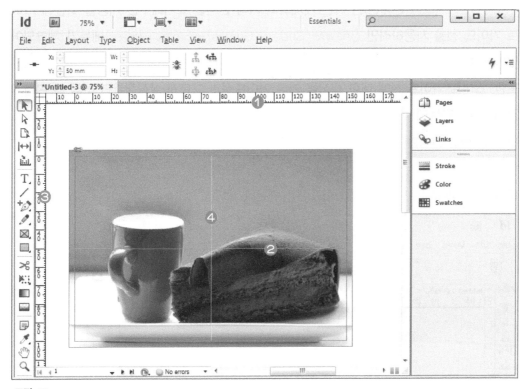

그림 45

 잠깐만!!

작업 안내 선을 제어하는 방법을 알아보자. 기본적으로 페이지 상단과 왼쪽 편에는 가로 눈
금자와 세로 눈금자가 보이는데, 이 눈금자의 표시 여부를 지정할 수 있다. 〈View〉-〈Hide
Ruler〉/〈Show Ruler〉 메뉴를 선택해서 지정한다.
또한, 가이드 선에 대한 표시 여부는 〈View〉-〈Grids & Guides〉메뉴에서 〈Hide Guides〉/
〈Show Guides〉 메뉴를 선택해서 지정한다.
그리고 만들어진 가이드 선에 의거해서 개체들을 배치할 때 다른 개체들과의 거리 및 중심
점등을 쉽게 맞추기 위해서는 〈View〉-〈Grids & Guides〉-〈Snap to Guides〉를 체크해주

면 편하게 작업할 수 있다.

Smart Guides(고급 안내선)는 다른 개체와의 거리 간격을 표시해주는 기능을 하는데 스마트 가이드 선을 사용하려면 〈View〉-〈Grids & Guides〉-〈Smart Guides〉메뉴가 체크되어 있어야 한다.

또한, 스마트 가이드 선에 대한 색상을 기본 가이드선과 다르게 설정해주면 조금 더 편하게 작업할 수 있는데 〈Edit〉-〈Preferences〉-〈Guides & PasteBoard〉메뉴에서 Smart Guides 색을 변경한다.

❺ 두 번째 페이지에도 똑같이 가이드 선을 만든다,

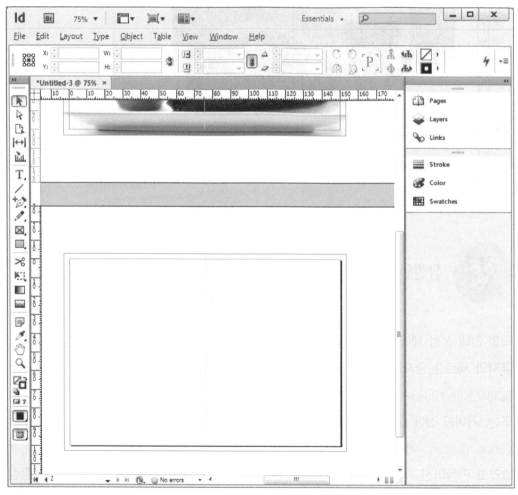

그림 46

03 프레임 배치없이 로고 이미지 가져오기

❶ 도련 밖의 페이지 빈 공간을 클릭해서 아무것도 선택되지 않은 상태에서 〈File〉-〈Place〉
메뉴를 선택하고 이미지 파일을 연다.

❷ 배치하려는 위치에서 클릭을 하면 자동으로 클릭한 위치로 이미지가 배치된다.

❸ 위치와 크기를 조절한다. 불러온 로고 이미지의 기준점을 중심☷으로 설정하고 X값을
75.5mm X: 75 mm 로 지정하면 정확하게 정 가운데 배치 할 수 있다.

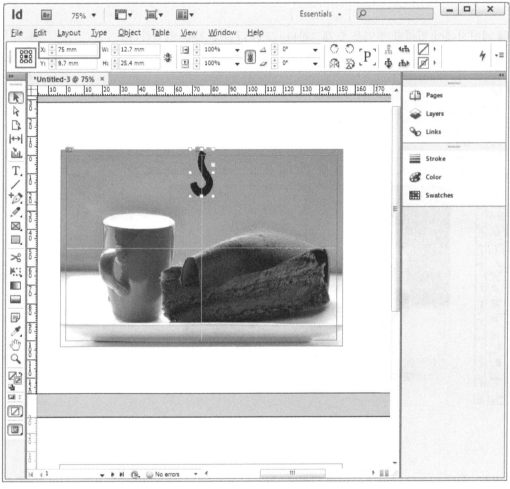

그림 47

04 텍스트에 밑줄 효과 주기

❶ Type(문자) T 도구를 선택한 다음 컨트롤 패널에서 글꼴과 사이즈를 지정한다.

그림 48

❷ 페이지에서 입력할 영역을 드래그한다. 그런 다음 글자를 입력한다.

그림 49

❸ 텍스트를 중앙에 정렬하기 위해 텍스트 프레임 안에 커서가 있는 상태에서 Align center(가운데 정렬)▤버튼을 누른다.

❹ 커닝🄰ᵥ과 트래킹🄰ᵥ등을 조정해서 글자 간격을 지정해서 글자를 보기 좋게 만든다.

그림 50

❺ 텍스트에 밑줄을 긋기 위해 〈커피〉단어만 블록 지정한 다음, 텍스트컨트롤 패널 가장 오른쪽에 있는 팝업메뉴 버튼▾▤을 클릭하면 나오는 메뉴에서 〈Underline Options〉메뉴를 선택한다.

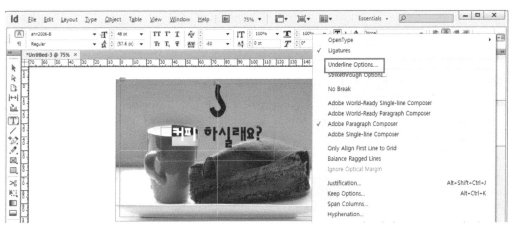

그림 51

⑥ [Underline Options] 대화상자에서 다음과 같이 지정하고, OK 한다.

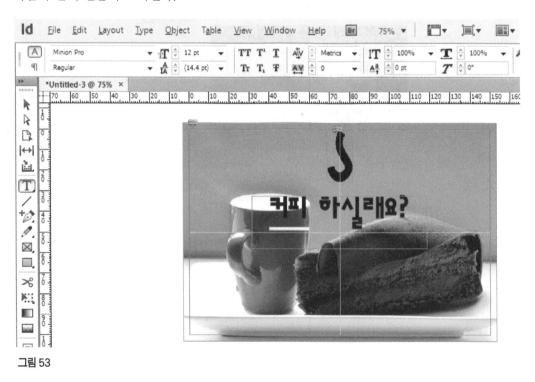

그림 52

다음과 같이 밑줄이 그어진다.

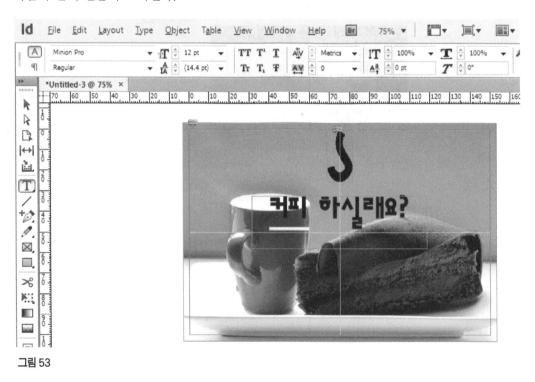

그림 53

05 텍스트 프레임을 드래그로 복사하기

❶ Type(문자)[T]도구를 선택한 다음 컨트롤 패널에서 글꼴과 사이즈를 지정한다.

그림 54

❷ 페이지에서 입력할 영역을 드래그한다. 그런 다음 글자를 입력한다.

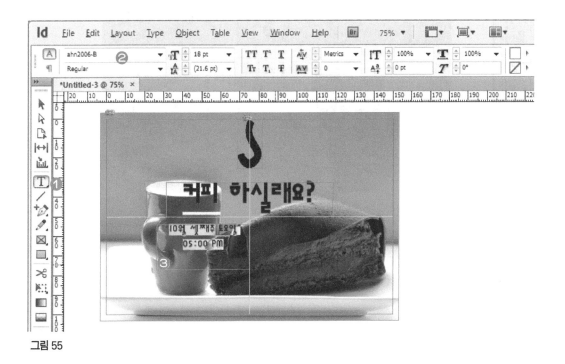

그림 55

❸ 텍스트를 중앙에 정렬하기 위해 텍스트 프레임 안에 커서가 있는 상태에서 Align center(가운데 정렬)버튼을 누른다.

❹ 그런 다음, 커닝과 트래킹 등을 조정해서 글자 간격을 지정해서 글자를 보기 좋게 만든다.

⑤ 텍스트 글자 색상 **T ›** 버튼을 클릭해서 색상을 흰색으로 변경한다.

⑥ 오른쪽 영역에도 동일한 크기의 텍스트 프레임을 만들기 위해 텍스트 프레임이 선택된 상
태에서 Alt + Shift 를 누르면서 오른쪽으로 드래그 한다.

다음과 같이 복사된다.

그림 56

⑦ 복사된 텍스트 프레임 안에 새로운 글자를 입력한다.

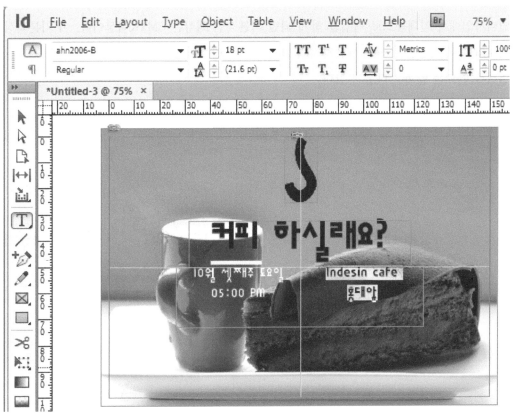

그림 57

06 별색 만들어서 글자에 적용하기

인디자인에서 인쇄용으로 작업을 하게 되면 기본적인 색상은 CMYK색상이다. 이 기본색상 이외의 다른 색상을 수시로 사용하려면 별색을 미리 만들어 놓고 작업하면 편하다.
별색을 만드는 방법은 다음과 같다.

❶ 페이지에서 아무것도 선택하지 않은 상태에서 작업해야 하므로 도련 밖의 빈 공간을 클릭한다.

❷ 도구 모음에서 Fill(채우기색상) 도구를 더블 클릭하여 [Color Picker] (색상 견본)대화상자를 연다.

❸ 다음의 [Color Picker] 대화상자에서 CMYK 값을 입력하고 〈Add CMYK Swatch〉(색상 견본 추가)버튼을 누른다.

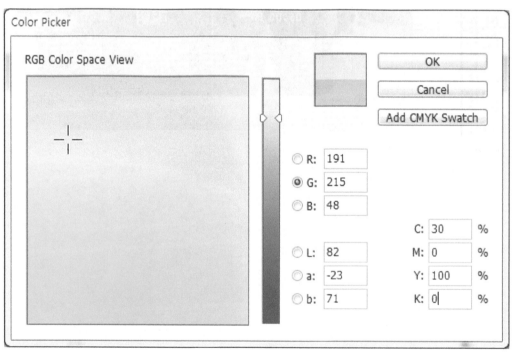

그림 58

❹ 이렇게 정의한 색상을 텍스트에 지정하기 위해 글자를 블록 지정한다.

❺ 컨트롤 패널에서 텍스트 색상 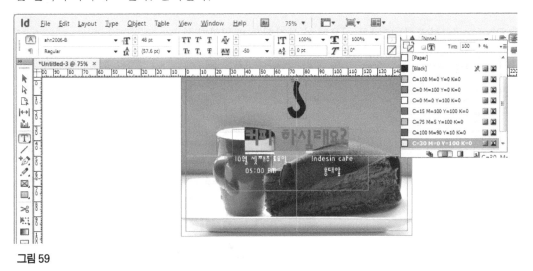 버튼을 클릭하면 기존의 기본 색상 아래로 앞에서 정의한 별색이 목록에 보인다. 선택한다.

그림 59

블록 선택한 글자에 별색이 지정된다.

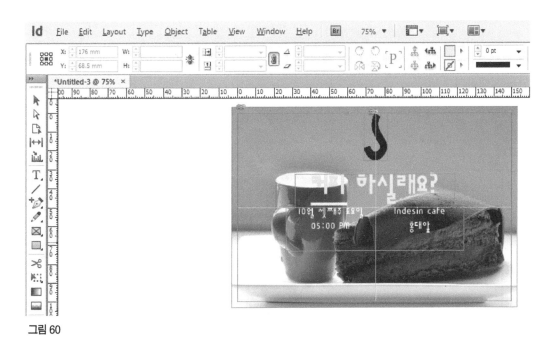

그림 60

07 도형 회전하기

❶ Rectangle(사각형) 도구를 이용하여 사각형을 배치한다.

그림 61

❷ 외곽선을 제거하기 위해 컨트롤 패널에서 Stroke(획)색상 [☑▸] 버튼을 눌러서 None 옵션을 선택한다.

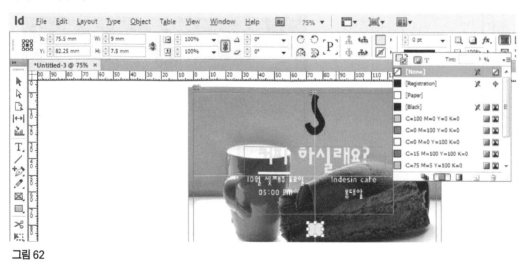

그림 62

❸ 그려진 도형을 선택한 상태에서 마우스 커서를 그 도형 위에 두고 오른쪽 버튼을 클릭해
서 메뉴를 연다.

❹ 〈Transform〉-〈Rotate〉메뉴를 선택한다.

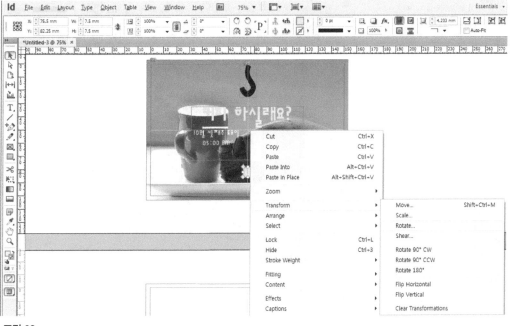

그림 63

❺ [Rotate] 옵션 대화상자에서 45°를 입력하고 OK한다.

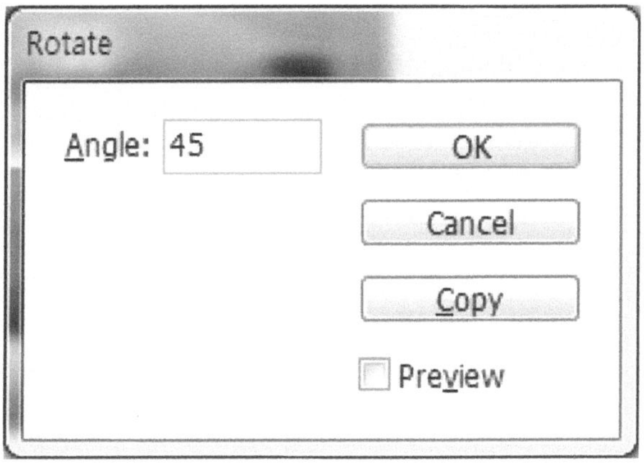

그림 64

❻ 위치를 이동시킨다.

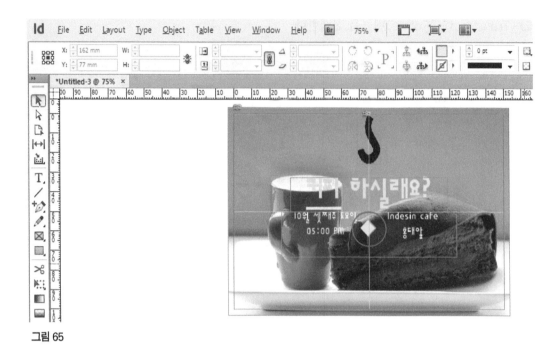

그림 65

08 외부 텍스트 파일 불러오기

❶ Type(문자) T 도구를 선택하고 엽서 뒷면 페이지에서 텍스트 프레임을 배치한다.

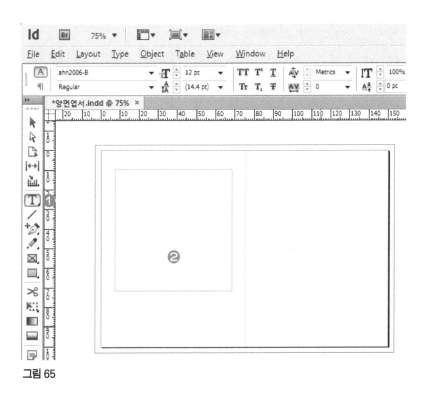

그림 65

❷ 〈File〉–〈Place〉메뉴를 선택하고 텍스트가 저장되어 있는 문서 파일을 연다.

워드 문서나 텍스트 파일은 인디자인으로 그대로 가져올 수 있지만 한글파일은 서식파일 형태인 rtf파일로 저장되어 있어야 불러올 수 있다.

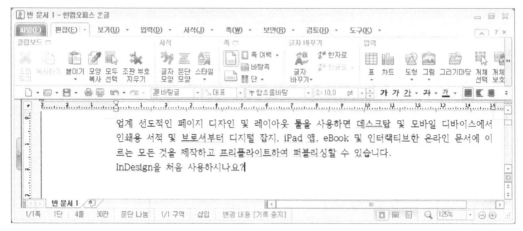

그림 67

다음과 같이 텍스트 프레임에 한글파일 내용이 들어온다.

그림 68

❸ 글꼴과 사이즈를 변경한다.

그림 69

❹ 텍스트 상자의 채우기 색상을 앞에서 정의한 별색으로 지정한다.

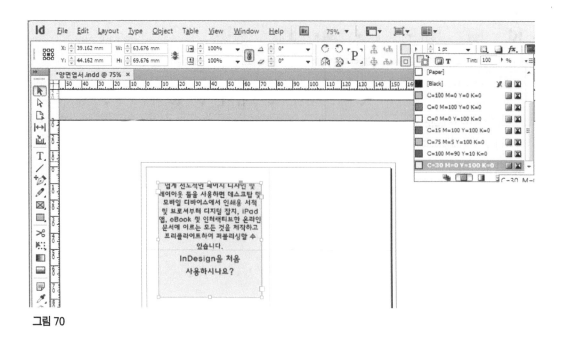

그림 70

❺ 텍스트를 블록으로 선택하고 Align center(가운데 정렬) 버튼을 눌러서 가운데로 정렬
시킨다.

09 텍스트 프레임의 안쪽 여백 지정하기

❶ 텍스트 프레임을 선택하고 〈Object〉–〈Text Frame Option〉메뉴를 한다.

❷ [Text Frame Option] 대화상자에서 Inset Spacing(안쪽 여백)을 지정한다. 연결🪲버튼을 눌러서 연결을 해제하고 4개의 값을 각각 입력한 다음, OK한다.

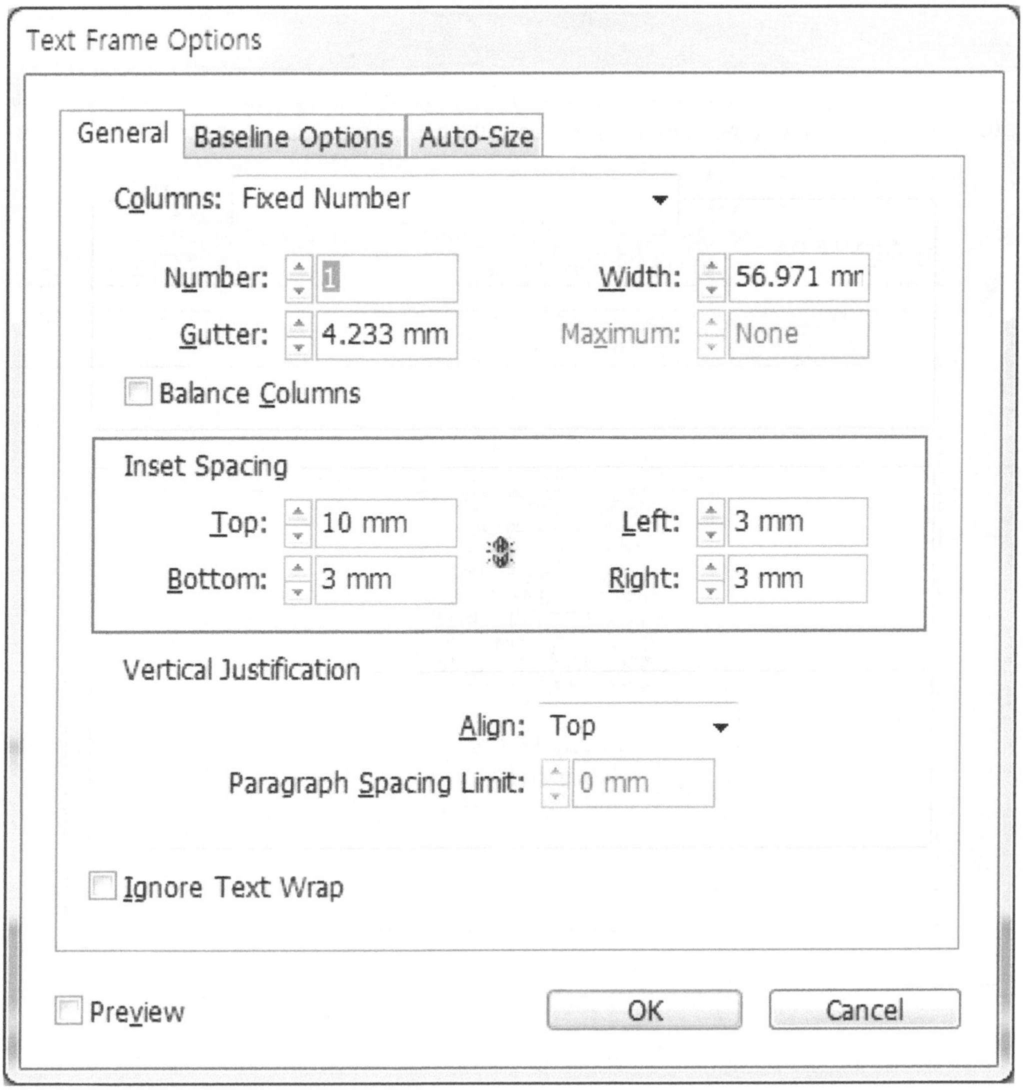

```
Text Frame Options

 General | Baseline Options | Auto-Size

    Columns:  Fixed Number              ▼

      Number:  [1]              Width:  56.971 mr
      Gutter:  4.233 mm         Maximum:  None
      ☐ Balance Columns

    ┌ Inset Spacing ──────────────────────────┐
    │  Top:  10 mm        🪲    Left:  3 mm     │
    │  Bottom:  3 mm            Right:  3 mm    │
    └──────────────────────────────────────────┘

    Vertical Justification
                    Align:  Top         ▼
         Paragraph Spacing Limit:  0 mm

  ☐ Ignore Text Wrap

 ☐ Preview           (   OK   )    ( Cancel )
```

그림 71

❸ 다음, 텍스트 프레임의 위치를 왼쪽 영역에서 가운데에 위치할 수 있도록 기준점을 가운데로 하고 X값을 37.25mm로 지정한다.

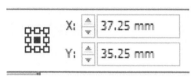

그림 72

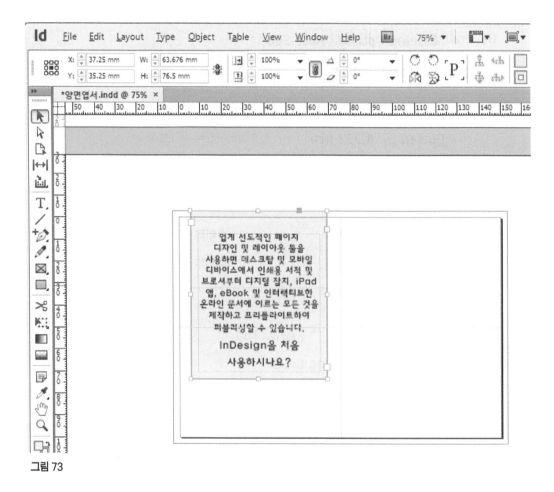

그림 73

10 이미지를 여러 개 동시에 가져오기

❶ 〈File〉-〈Place〉메뉴를 선택하고 이미지파일 3개를 연다.

❷ 페이지 위 아무 곳에서 클릭하면 3개의 이미지가 겹친 상태로 마우스 커서 위치에 놓인다.

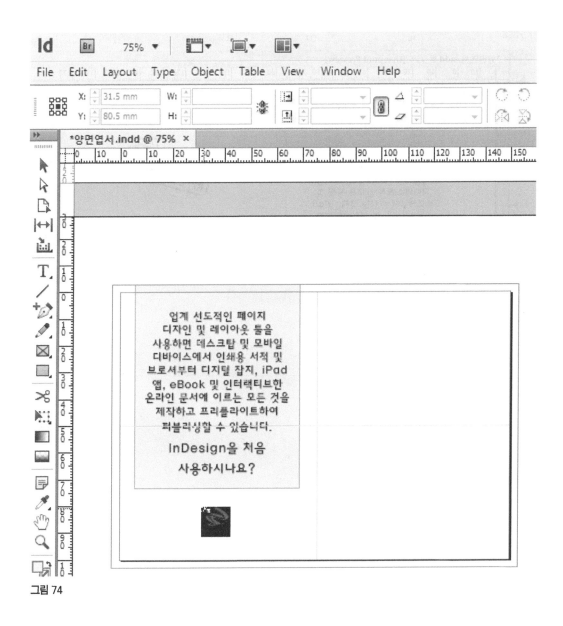

그림 74

❸ 페이지위에서 드래그하면 처음 선택한 이미지가 드래그 되고, 배치하려는 위치에서 클릭하면 그 위치에 배치된다. 다시 마우스를 드래그하면 두 번째 이미지가 드래그 된다.

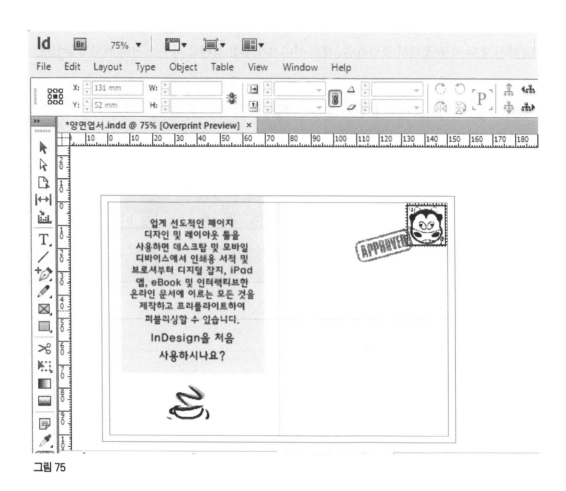

그림 75

11 특수키와 드래그만으로 개체 복사하기

❶ Line /도구를 이용하여 선을 1개 만든다.

❷ Shift + Alt 를 누른 상태에서 만든 선을 아래로 드래그해서 간격을 맞춰가면서 복사한다.

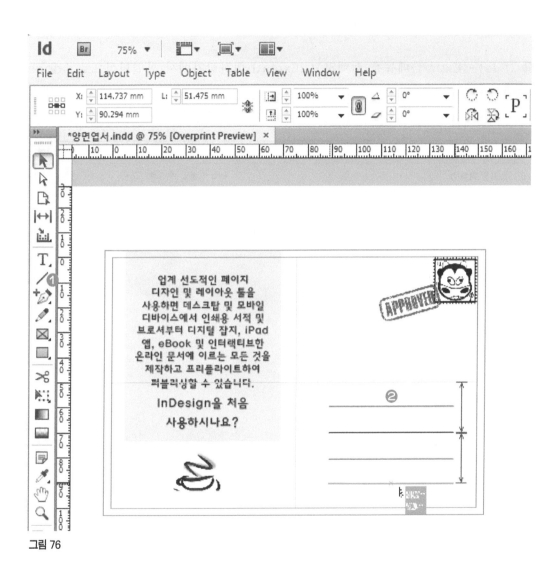

그림 76

12 PDF로 저장하기

인디자인에서 작업한 제작물을 인쇄소에서 출력해야 할 때, PDF로 저장해서 보내게 된다.
각 인쇄소마다 원하는 PDF옵션이 있어서 요구하는 옵션에 따라 PDF로 저장해서 보내야 하
지만 기본적으로 저장하는 방법으로 앞에서 만든 양면 엽서를 PDF로 저장해 보자.

❶ 〈File〉-〈Export〉메뉴를 선택하고 [Export] 대화상자에서 파일형식으로 Adobe
PDF(Print)를 선택하고 저장한다.

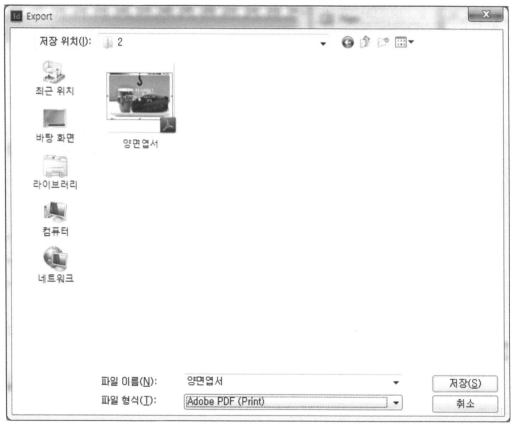

그림 77

❷ 다음 [Export Adobe PDF]옵션 상자에서 왼쪽 메뉴 중에 〈Marks and Bleeds〉를 선택한
다. Marks영역에서 All Printer's Marks옵션을 체크하고 Export한다.

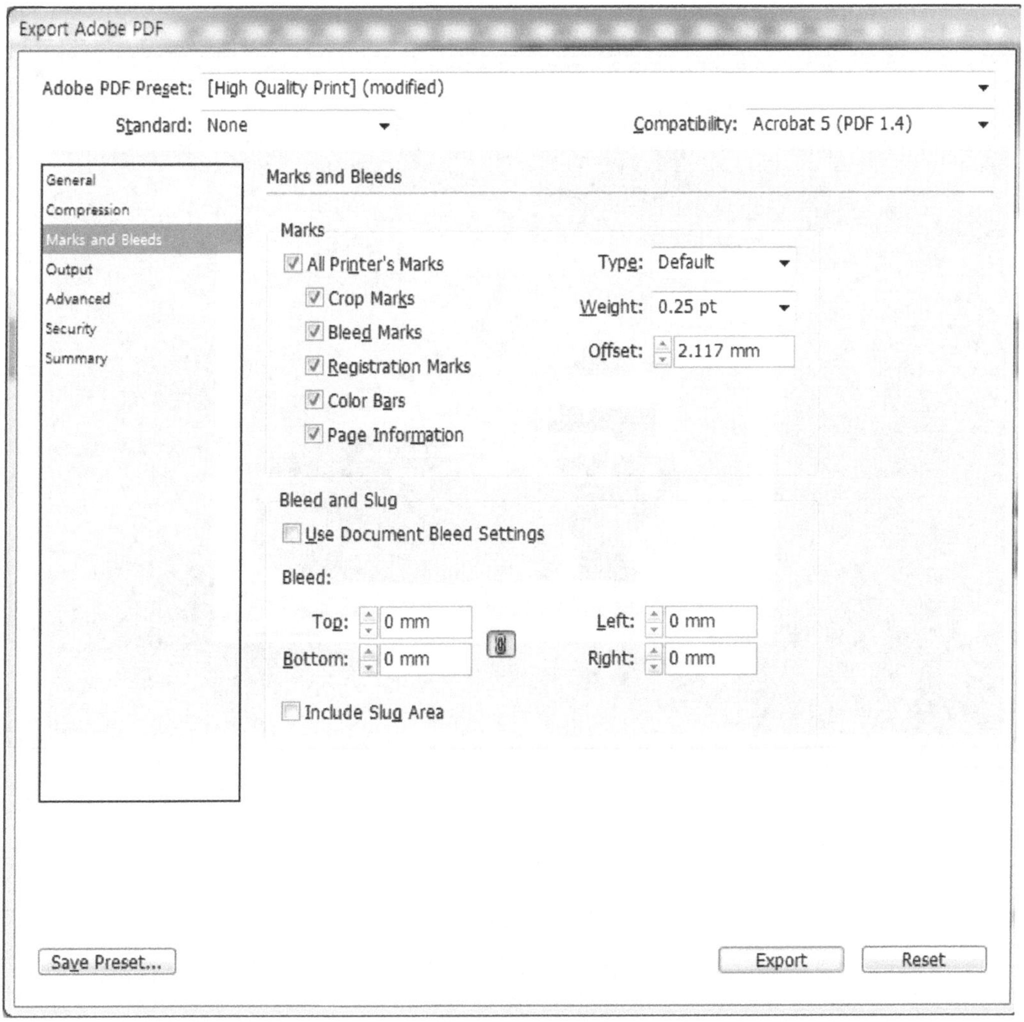

Export Adobe PDF

Adobe PDF Preset: [High Quality Print] (modified)

Standard: None   Compatibility: Acrobat 5 (PDF 1.4)

General
Compression
Marks and Bleeds
Output
Advanced
Security
Summary

Marks and Bleeds

Marks
☑ All Printer's Marks   Type: Default
  ☑ Crop Marks   Weight: 0.25 pt
  ☑ Bleed Marks   Offset: 2.117 mm
  ☑ Registration Marks
  ☑ Color Bars
  ☑ Page Information

Bleed and Slug
☐ Use Document Bleed Settings

Bleed:
  Top: 0 mm   Left: 0 mm
  Bottom: 0 mm   Right: 0 mm
☐ Include Slug Area

Save Preset...   Export   Reset

그림 78

❸ 저장한 PDF파일을 열어보면 인쇄소에서 작업할 수 있도록 색상정보와 도련까지 표시되어 있다.

그림 79

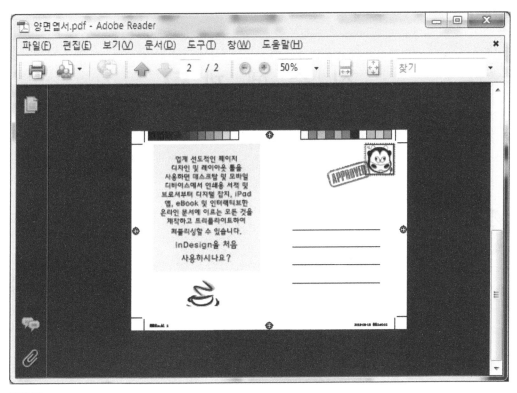

그림 80

실 ｜습 ｜예 ｜제 ②

앞에서 설명한 내용을 참고하여 다음의 양면 엽서를 디자인한다.

Hint - 앞면

◉ 이미지 파일 9개를 한번에 열고 Ctrl + Shift 키를 누른 상태에서 이미지들을 배치할 페이
지 위치에서 영역을 드래그한다.

◉ 이름의 글자 자간을 조정한다.

◉ 텍스트의 각 글자를 각각 제어하기 위해 africa, &, story 글자의 아웃라인을 만든다.
〈Type〉-〈Create Outlines〉메뉴를 이용하고, 크기, 위치, 회전을 실행한다.

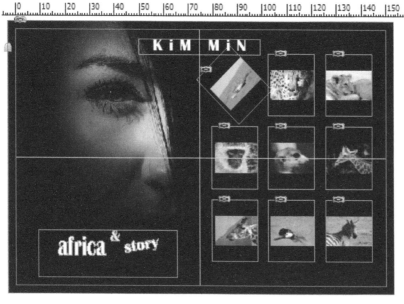

그림 81

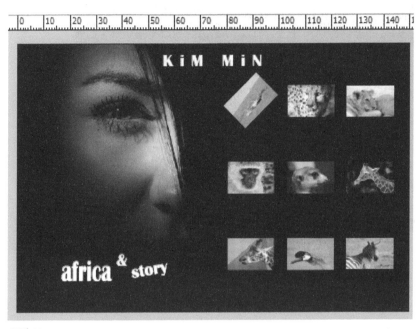
그림 82

Hint - 뒷면

◉ 텍스트 프레임안에 입력한 글자들을 줄 단위로 정렬을 다르게 지정한다.
◉ 초대합니다 글자의 자간을 조정한다.

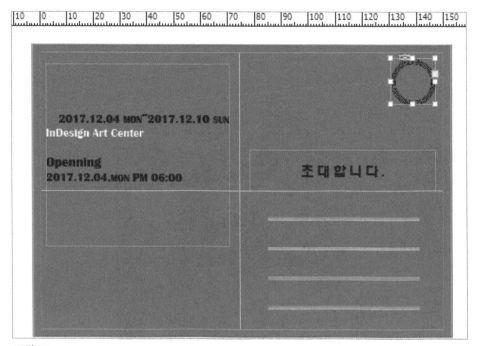

그림 83

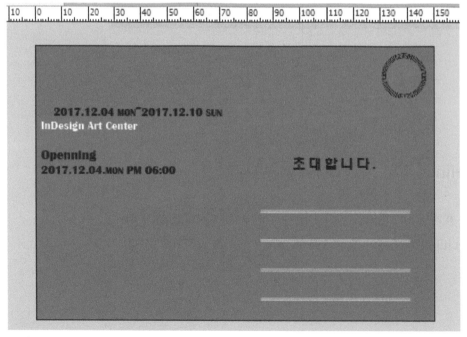

그림 84

제3강

네임 카드와 이력서 만들면서 기본 활용하기

학습내용

- 개체들을 그룹으로 묶기
- 개체를 회전하기
- 그리드(격자) 사용해서 줄 맞추기
- 글리프 사용하기
- 글자 스타일 만들어서 적용하기
- 단락스타일 만들어서 적용하기
- 별색 만들기
- 사각형 프레임 안에 텍스트 배치하기
- 여러 개의 이미지를 한 번에 불러오기
- 정확한 위치 및 사이즈 설정하기

- 좌표 기준점 변경하기
- 텍스트 프레임 내부 여백 설정하기
- 텍스트 프레임 안의 텍스트 정렬하기
- 텍스트 프레임의 배경색과 테두리 색 설정하기
- 텍스트 프레임의 형태 바꾸기
- 텍스트를 다른 개체 형테 둘레에 감싸기
- 텍스트에 아웃라인 만들어서 각 글자마다 다르게 형태 변경하기

단면 네임 카드 만들기

01 글리프 사용해서 로고 만들기

네임카드에 들어갈 로고를 인디자인에서 간단히 만들어 보자.

❶ 〈File〉-〈New〉-〈Document〉메뉴를 선택한다.

❷ [New Document] 대화상자에서 다음과 같이 설정한다. Width(폭)와 Height(높이) 값은 50mm X 50mm 사이즈를 지정한다. 책이 아니므로 Facing Pages는 체크를 해제한다. Margins(여백)은 모두 2mm로 설정하고 OK한다.

그림 1

❸ Type(문자) T 도구를 선택하고 페이지에서 드래그한다.

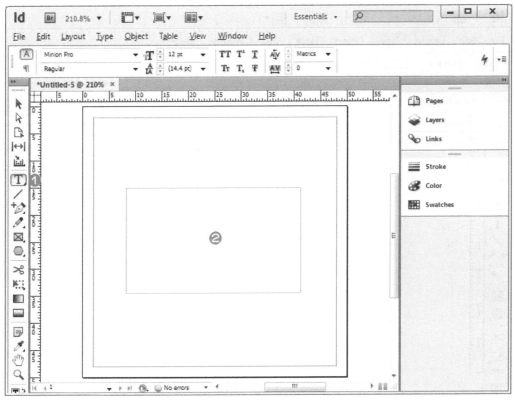

그림 2

❹ 배치된 텍스트 프레임 안에 커서가 있는 상태에서 〈Type〉-〈Glyphs〉메뉴를 선택한다.

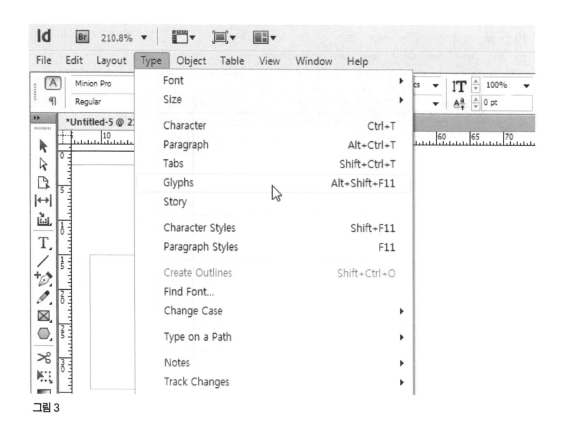

그림 3

❺ [Glyphs] 패널이 열린다.

Show항목을 Symbols로 변경하고 글꼴 종류에서 Miriam Fixed 글꼴을 직접 입력하거나 찾아서 설정한다.

심볼 중에 ₪를 선택하고 더블 클릭해서 텍스트 프레임에 입력한다.

만일 해당 글꼴이 없거나 찾기 힘들다면 다른 글꼴에서 아무 심볼이나 선택해서 작업한다.

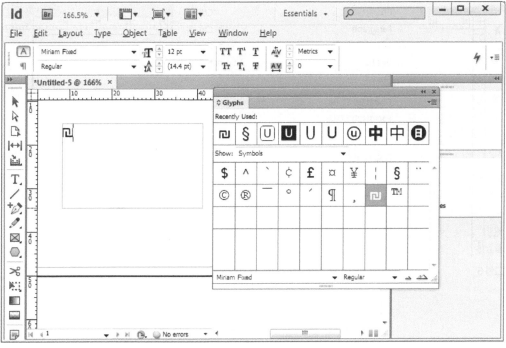

그림 4

❻ [Glyphs] 패널을 닫고 입력된 심볼의 크기를 100pt로 변경한다.

심볼을 포함하고 있는 텍스트 프레임 자체를 클릭해서 선택한 다음 〈Type〉-〈Create Outlines〉메뉴를 선택한다.

심볼을 둘러싸는 최소한의 텍스트 프레임 크기로 자동 변경된다.

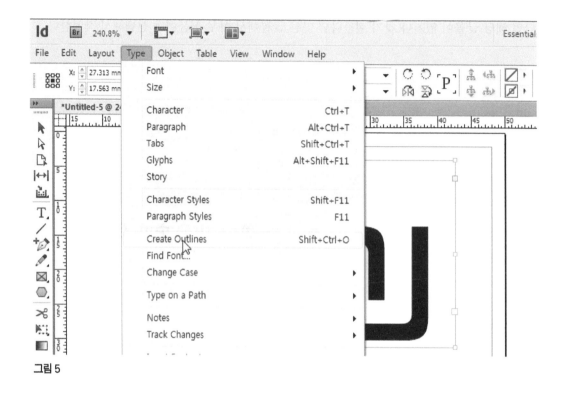

그림 5

❼ Rectangle(사각형)▣도구를 이용하여 밑줄 효과를 준다.

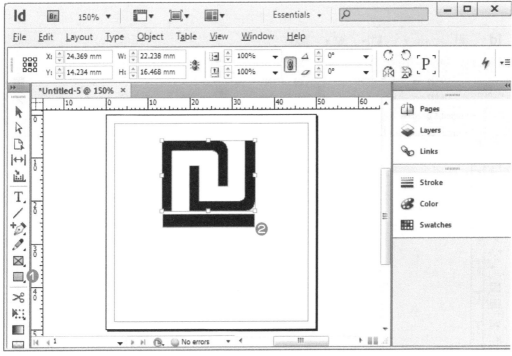

그림 6

❽ 글자와 밑줄의 사각형을 모두 드래그해서 선택하고 그 위에서 오른쪽 마우스 버튼을 누른 다음, 〈Group〉메뉴를 선택해서 그룹으로 만든다.

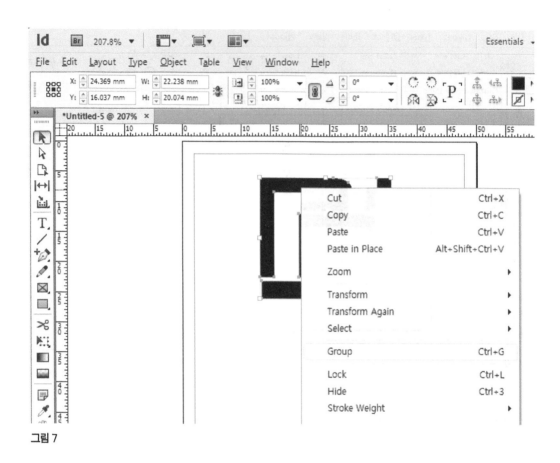

그림 7

● 도구 상자에서 Rectangle(사각형)▣도구를 마우스로 계속 누르고 있으면 다른 선택가
능한 도구들이 나타난다. 그중에서 마지막에 있는 Polygon(다각형) ⬡ Polygon Tool 도구
를 선택한다.

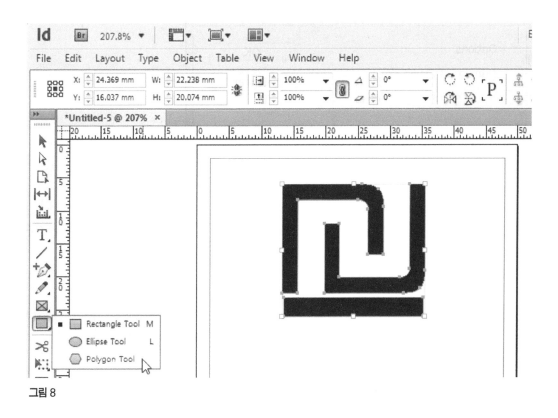

그림 8

❿ Polygon(다각형) ⬡ 도구를 더블 클릭해서 다음 [Polygon Settings] 대화 상자를 연다. Number of Sides(다각형 면의 수)를 6으로 지정하고 OK한다.

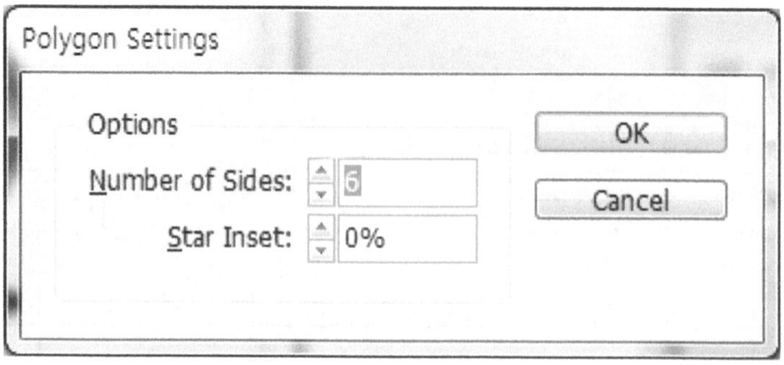

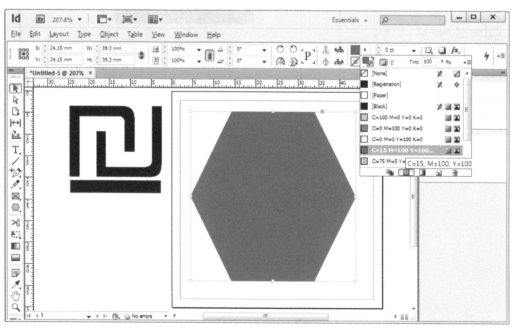

그림 9

⓫ 작업을 편하게 하기 위해, 앞에서 만든 글자는 페이지 밖으로 드래그 해놓고 Polygon(다각형) ⬡ 도구를 이용해서 페이지에 그린다. 채우기 색상을 지정한다.

그림 10

⑫ 다각형 모서리 형태를 변경하기 위해 그려 넣은 다각형이 선택된 상태에서 컨트롤 패널 오른쪽 끝에 있는 모서리 형태 ⌐▼ 를 Rounded로 지정한다.

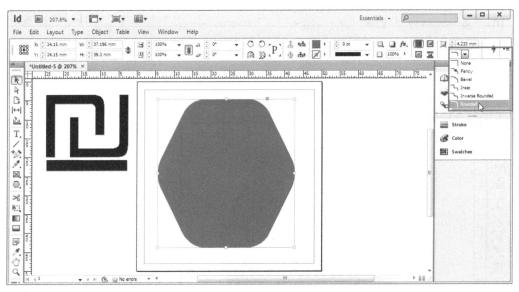

그림 11

⑬ 페이지 밖으로 이동시켰던 글자와 밑줄을 드래그해서 다각형 안으로 배치한다. 중심을 맞춘다. 스마트 가이드 선이 가로 세로 나타나는 위치가 중심 위치이다.

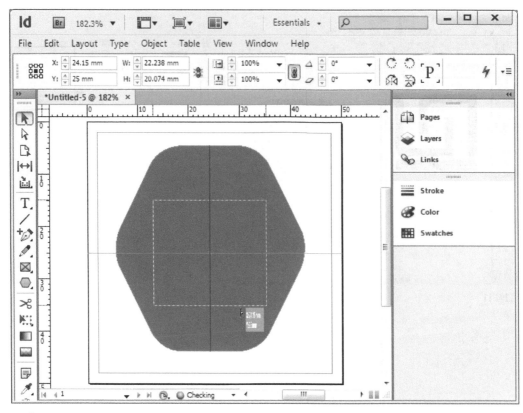

그림 12

⓮ 마우스 오른쪽 버튼을 누르고, 〈Arrange〉−〈Bring to Front〉메뉴를 선택한다.

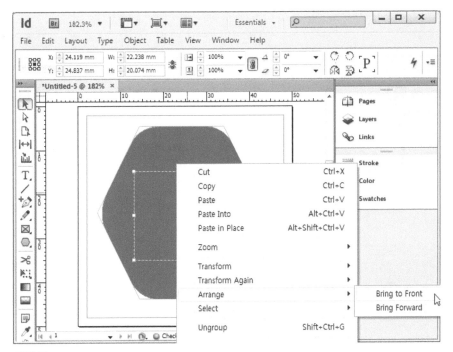

그림 13

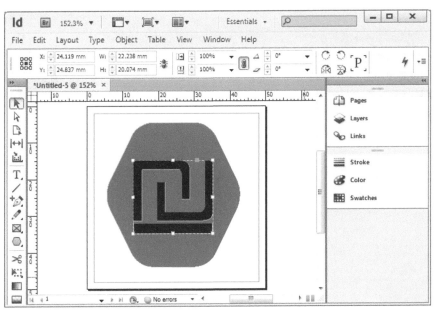

그림 14

⑮ 파일로 저장하기 위해 〈File〉-〈Export〉메뉴를 선택하고, 저장 할 파일 이름을 입력하고 형식을 PNG로 해서 저장한다.

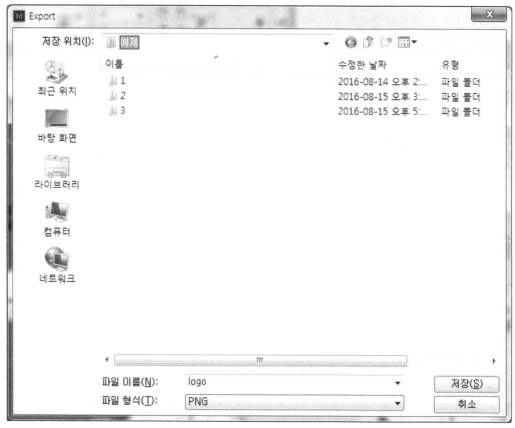

그림 15

⑯ 다음 [Export PNG] 대화상자에서 Export한다.

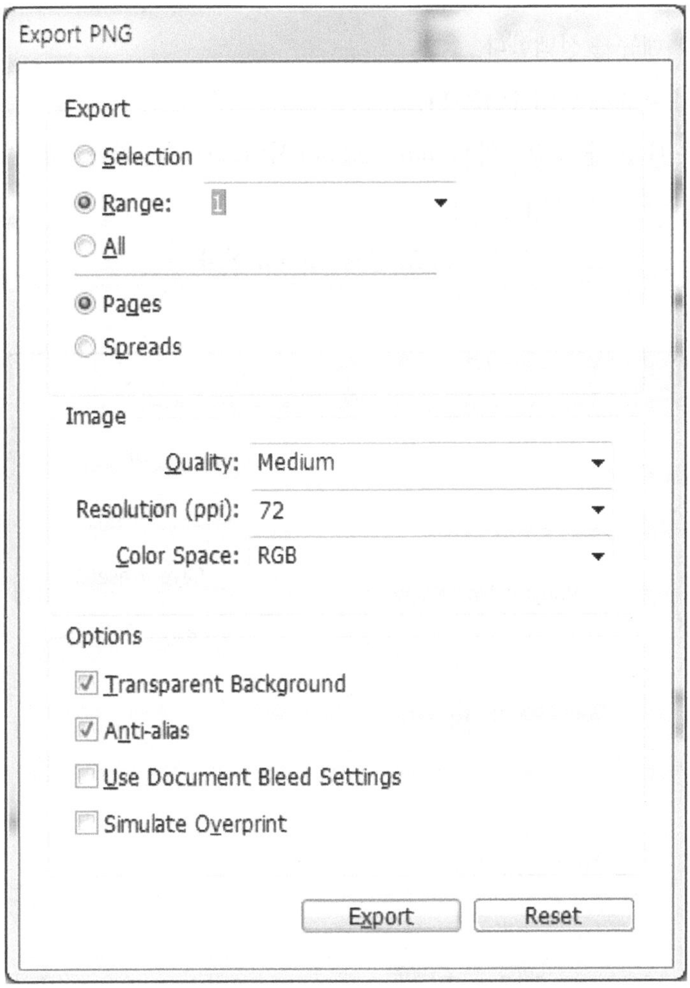

Export PNG

Export
○ Selection
◉ Range: 1   ▼
○ All

◉ Pages
○ Spreads

Image
        Quality: Medium   ▼
Resolution (ppi): 72   ▼
    Color Space: RGB   ▼

Options
☑ Transparent Background
☑ Anti-alias
☐ Use Document Bleed Settings
☐ Simulate Overprint

                [Export]   [Reset]

그림 16

02 네임 카드를 위한 새문서 만들기

❶ 〈File〉-〈New〉-〈Document〉메뉴를 선택한다.

[New Document] 대화상자에서 다음과 같이 설정한다.

Width(폭)와 Height(높이) 값은 네임 카드 크기의 90mm × 52mm 사이즈로 지정한다.

책이 아니므로 Facing Pages는 체크를 해제한다.

Margins(여백)은 모두 2mm, Bleeds(도련) 값도 2mm로 설정하고 OK한다.

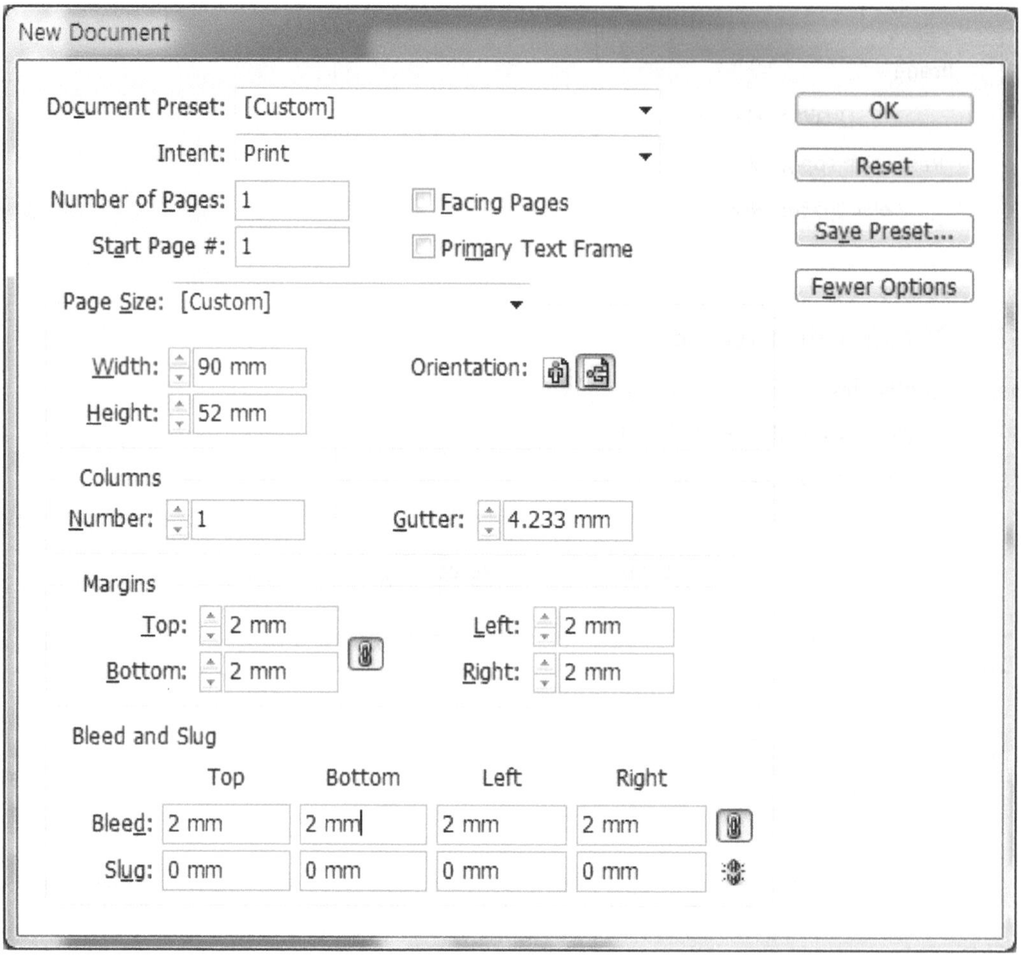

그림 17

03 로고 배치하고 텍스트 입력하기

❶ 사각형 프레임 ⊠ 도구로 로고가 들어갈 영역을 만든다.

❷ 〈File〉-〈Place〉메뉴를 선택하고 앞 단계에서 저장한 로고 이미지파일을 연다.

❸ 프레임 안에서 마우스 오른쪽 버튼을 누르고, 나온 메뉴에서 〈Fitting〉-〈Fill Content Proportionally〉메뉴를 선택한다.

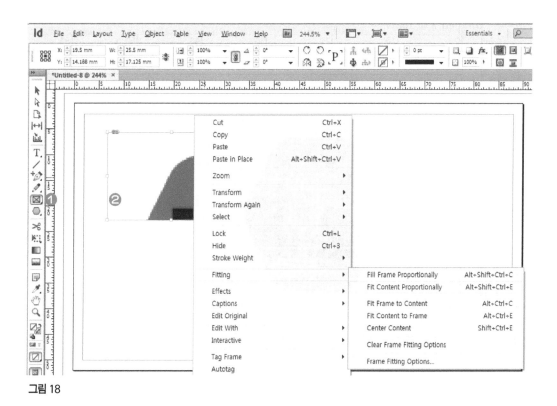

그림 18

3강 네임 카드와 이력서 만들면서 기본 활용하기 _ 137

Fill Content Proportionally를 선택하면 제작한 로고의 가로 세로 비율을 그대로 유지한 채 채워지게 된다.

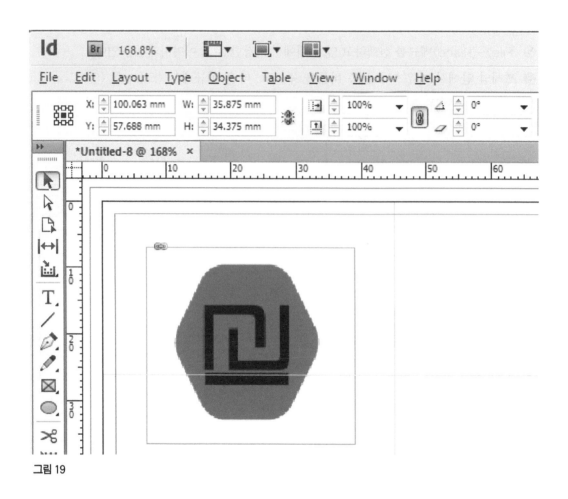

그림 19

❹ 네임카드에 들어갈 텍스트 내용들을 Type(문자) T 도구를 이용하여 다음과 같이 디자인한다.

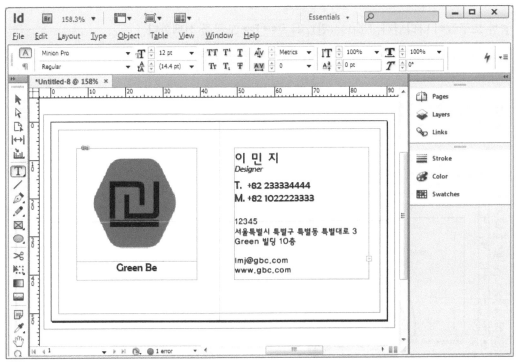

그림 20

04 패스 선에 따라 문자 입력하기

❶ 도구 상자에서 Rectangle(사각형)▣도구를 마우스로 계속 누르고 있으면 다른 선택가
능한 도구들이 나타난다. Ellipse(원) ⬭ Ellipse Tool 도구를 선택한다.
Ellipse(원) ▣도구를 이용하여 로고를 둘러싼 원을 만든다.

그림 21

❷ 도구 상자에서 Type(문자) T 도구를 마우스로 계속 누르고 있으면 다른 선택가능한 도구가 나타난다.

Type on a Path Tool(패스위에 문자입력)  을 선택한다.

Type on a Path Tool(패스위에 문자입력) 도구를 선택하고, 글꼴과 문자 사이즈를 설정한 다음, 앞에서 만든 원위의 선을 정확히 클릭한다.

| Haan YGodic 230 | ▼ | 8 pt | ▼ |
| Regular | ▼ | (9.6 pt) | ▼ |

그림 22

다음과 같이 커서가 원 테두리 선 각도에 맞게 기울여져 있으면 이제 문자를 입력한다.

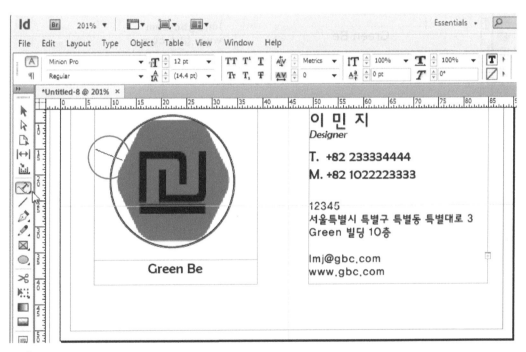

그림 23

❸ 문자를 원 테두리에 입력한 다음, 원의 크기를 조절하면 자동으로 원의 테두리 선에 따라서 글자도 움직인다.

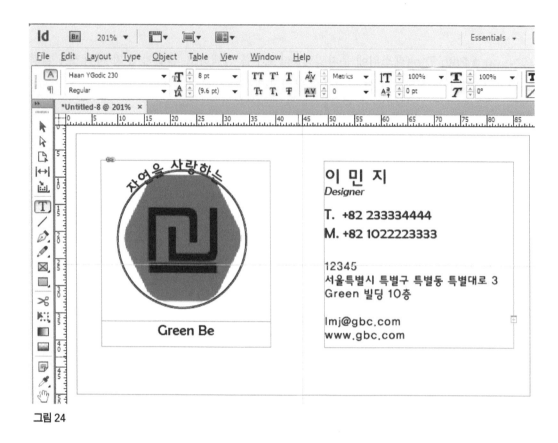

그림 24

④ 원의 테두리선을 보이지 않도록 하기위해, 원을 선택하고 Stroke(획)  색상을 None으로 설정한다.

그림 25

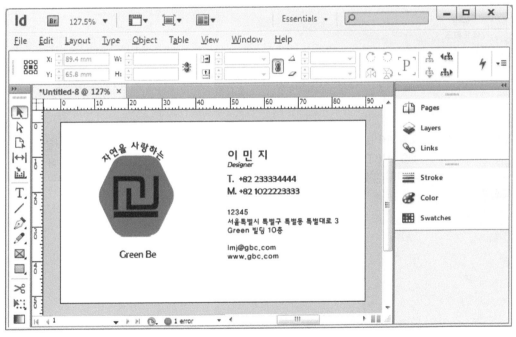

그림 26

05 재단선만 표시되는 PDF 문서로 저장하기

❶ 〈File〉-〈Export〉메뉴를 선택하고 [Export] 대화상자에서 파일형식으로 Adobe
PDF(Print)를 선택하고 저장한다.

그림 27

❷ 다음 [Export Adobe PDF] 옵션 상자에서 왼쪽 메뉴 중에 〈General〉에서 인쇄용 품질을
고려하는 [Press Quality]를 설정한다.

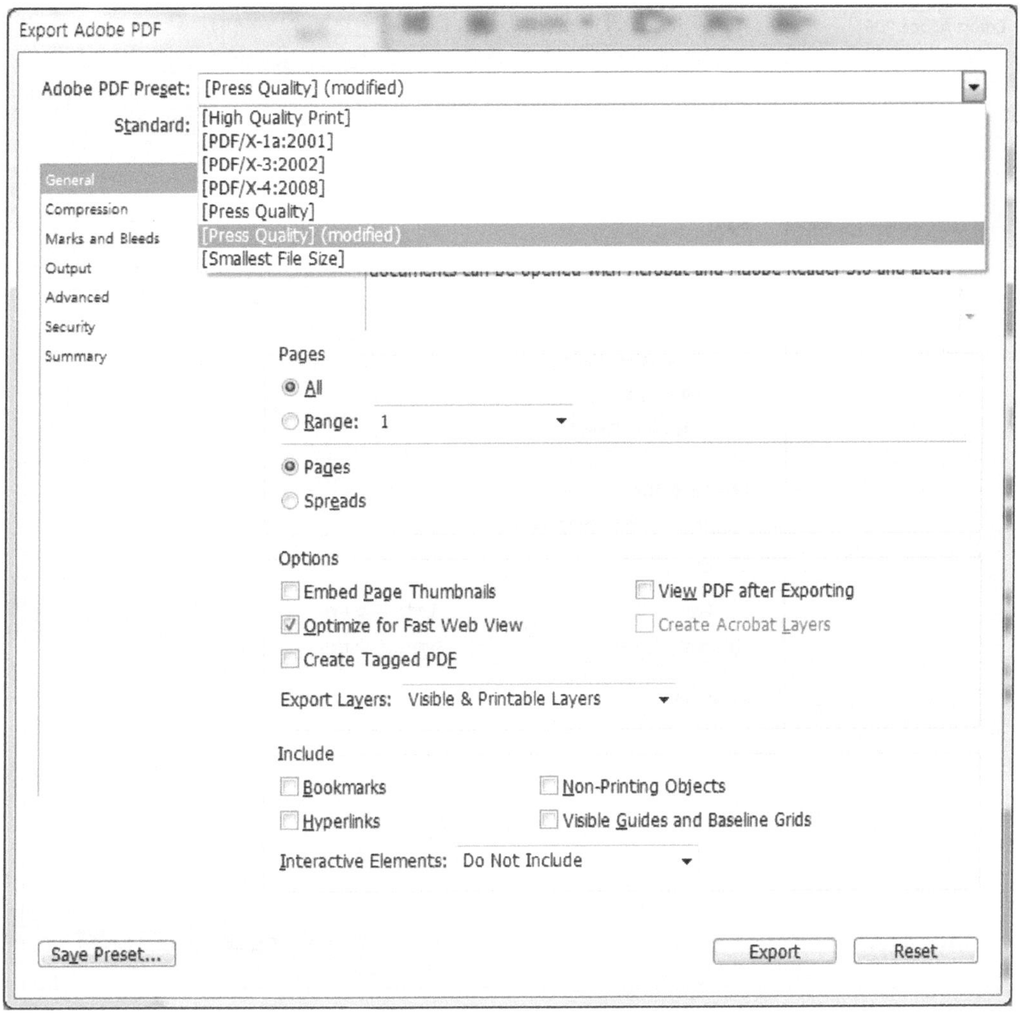

그림 28

❸ 이번에는, 왼쪽 메뉴 중에 〈Marks and Bleeds〉를 선택한다.
Marks영역에서 Crop Marks옵션만 체크하고 Export한다.

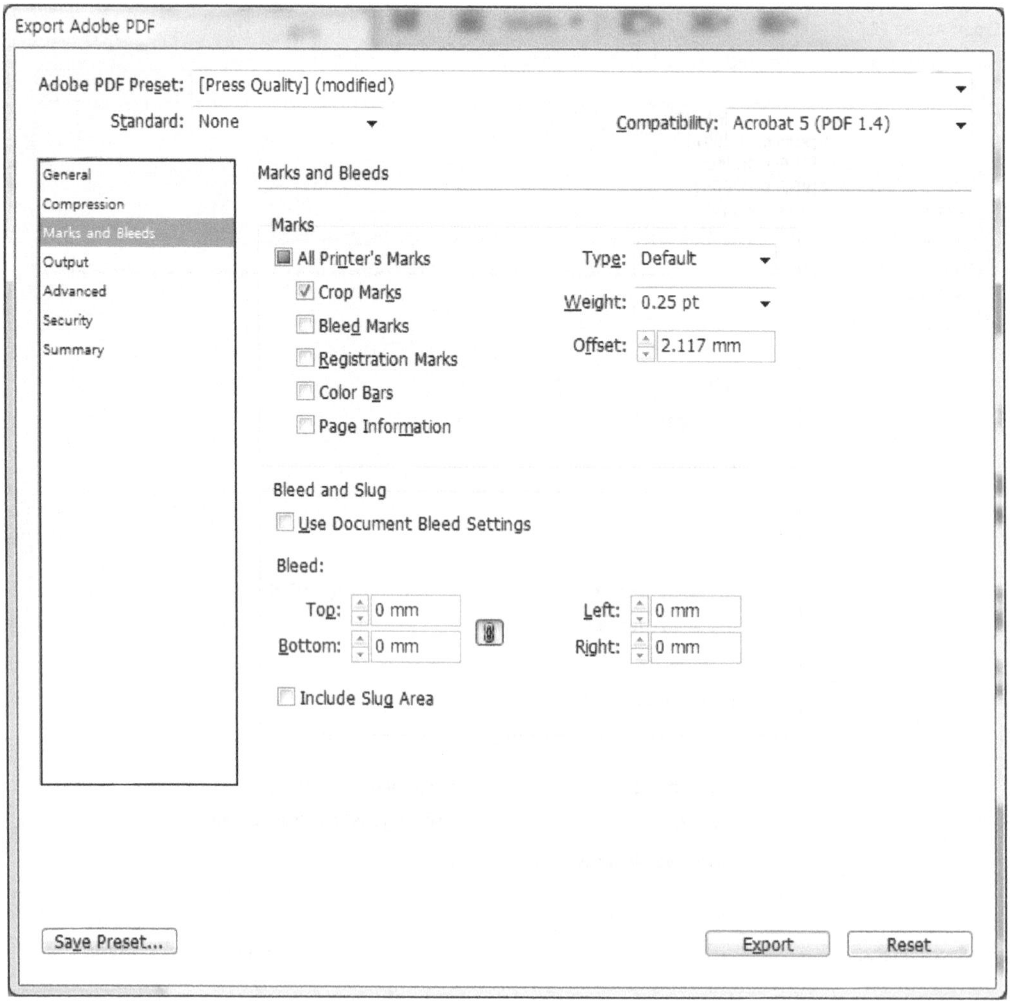

그림 29

❹ 다음 이미지는 PDF로 저장한 파일이다. 잘려지는 부분만 표시되어 있다.

그림 30

Level UP 단계 인포그래픽 디자인의 이력서 만들기

01 새 문서 만들기

❶ 〈File〉–〈New〉–〈Document〉메뉴를 선택하고, [New Document] 대화상자에서 옵션을 설정한다. 책이 아니므로 Facing Pages를 체크해제 하였고 A4 사이즈, Margins(여백)과 Bleed(도련)값은 모두 2mm로 설정했다.

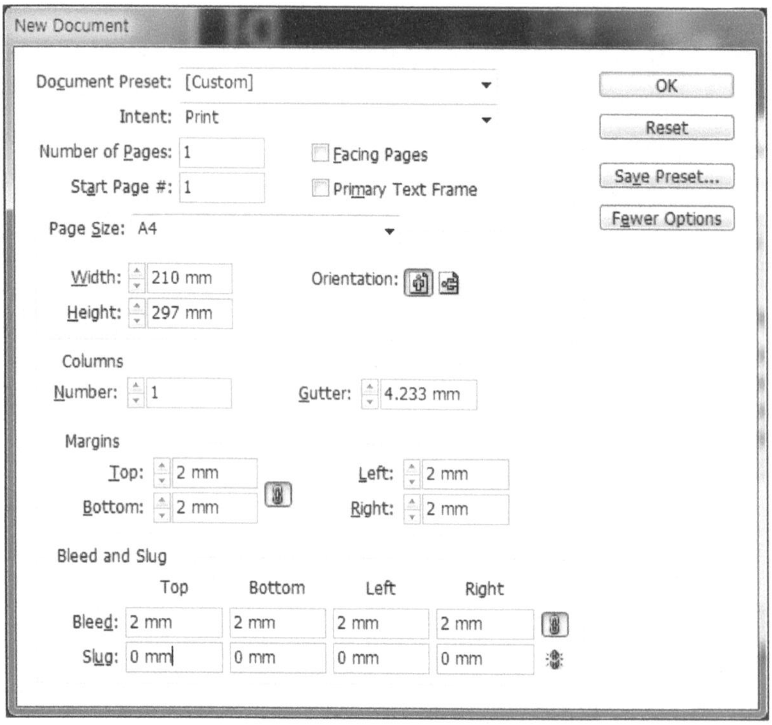

그림 31

02 균등한 간격으로 여러 개의 가이드선 만들기

가로, 세로 눈금자를 마우스로 직접 드래그하지 않고 개수를 지정해서 만드는 방법이다.

❶ 〈Layout〉-〈Create Guides〉메뉴를 선택하고, 다음 [Create Guides] 대화상자에서 Rows(행)와 Columns(열)의 Number(개수)를 3으로, 가이드선사이의 여백(Gutter)을 0으로 설정하였다.

또한, 가이드선의 기준점을 페이지에 맞추도록 Fit Guides to 옵션을 Page로 설정한다.

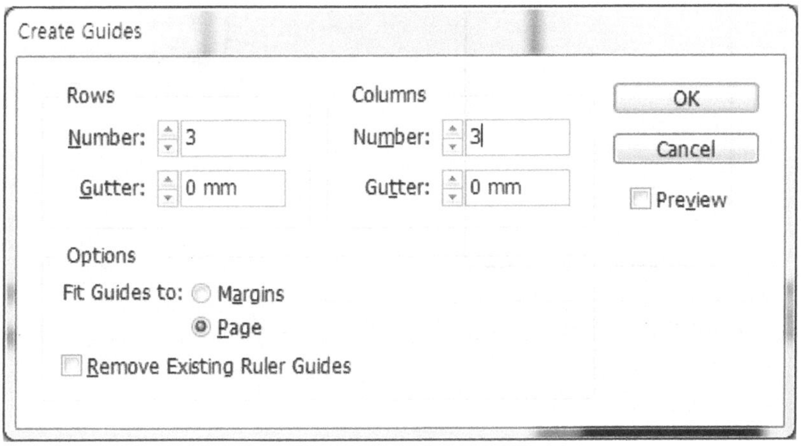

그림 32

다음과 같이 각각 3개의 세로, 가로 가이드 선이 만들어진다.

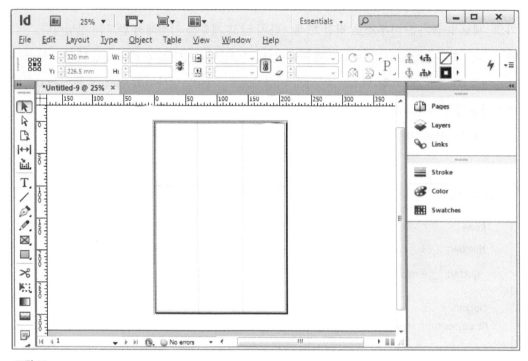

그림 33

03 사각형 모서리 형태 변경하기

❶ 사각형 ▣ 도구를 이용해서 왼쪽 영역에 사각형을 그린 다음, 그린 사각형이 선택된 상태에서 〈Object〉-〈Corner Option〉메뉴를 선택한다.

❷ 다음의 [Corner Option] 대화상자에서 오른쪽 아래 모서리만 값을 변경한다. 값을 입력했을 때, 다른 나머지 3개 값도 같은 값으로 변경되면 가운데 ▣연결 버튼을 눌러 연결을 해제하고 다시 설정한다. OK한다.

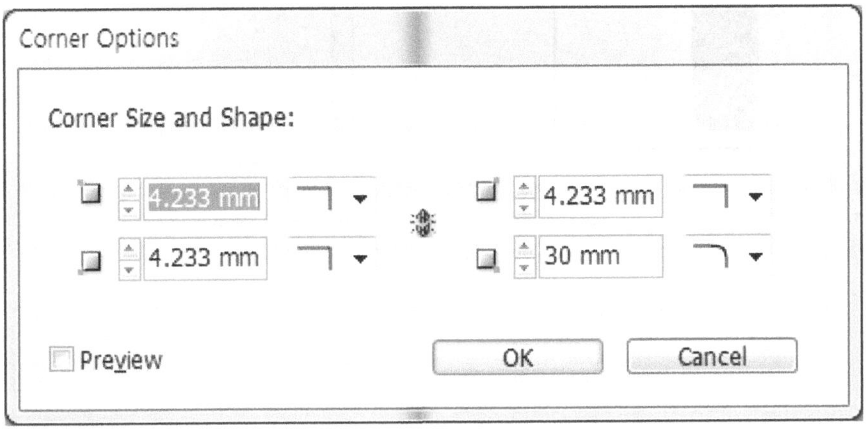

Corner Options

Corner Size and Shape:

4.233 mm   4.233 mm

4.233 mm   30 mm

☐ Preview   OK   Cancel

그림 34

❸ 다음과 같이 사각형의 모서리가 변경된다. 채우기 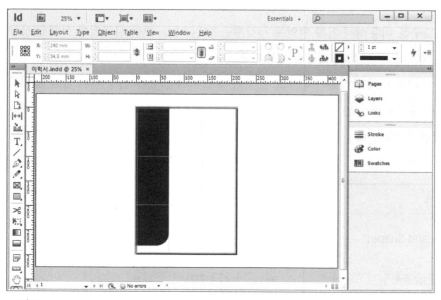 색상을 블랙으로 설정한다.

그림 35

04 Rectangle Frame 도구를 이용하여 영역 배치하기

❶ 앞 단계에서 만든 사각형 안에 이름, 사진, 자기소개글, 연락처 등을 입력할 프레임들을 Rectangle Frame⊠.도구를 이용하여 배치한다.

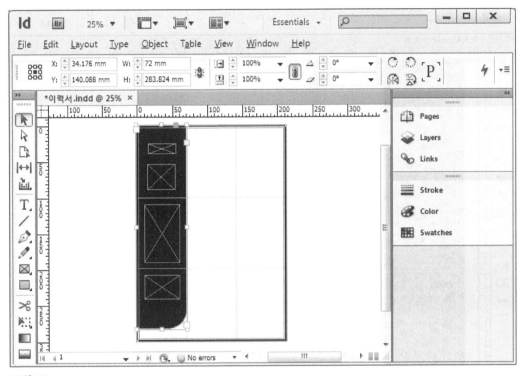

그림 36

❷ Rectangle Frame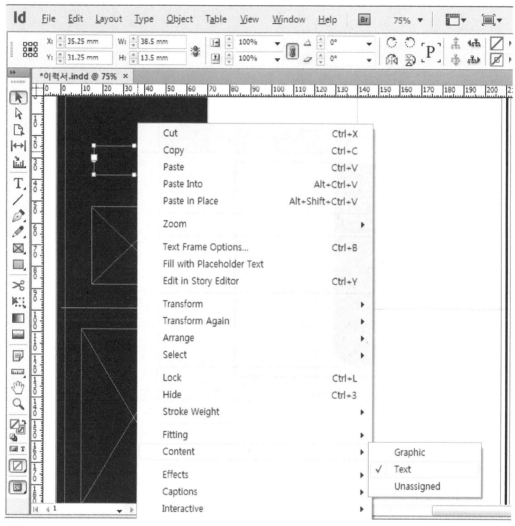 도구를 이용하여 배치한 영역 중에서 문자를 입력할 공간인 경우에
는 해당하는 사각 프레임을 선택하고 마우스 오른쪽 버튼을 누른 다음, 〈Content〉-〈Text〉
메뉴를 선택하고 글자를 입력한다.

그림 37

05 한자 입력하기

❶ 한자를 입력하려면, 한 글자를 입력 한 다음 _{한자}키를 누른다. 선택한 글자에 대한 한자 목록이 나타나는데, 그 중에서 선택하면 된다.

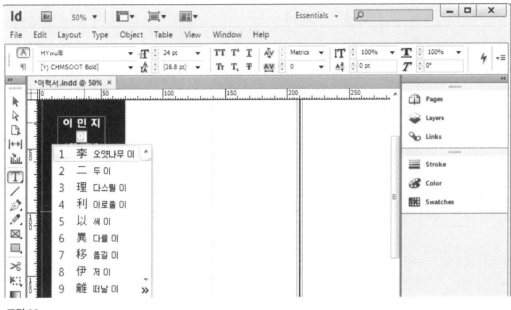

그림 38

 잠깐만!!

한자로 변환 한 결과가 왼쪽처럼 깨져서 보인다면 글자체의 문제이므로 깨진 글자를 블록으로 선택한 다음, 글꼴 중에서 한자 글꼴을 찾아서 설정한다.

그림 39

06 텍스트를 다른 개체 형태에 둘러싸게 만들기

배치한 영역에 그림과, 글자들을 입력하고 왼쪽 정렬시킨 결과이다.

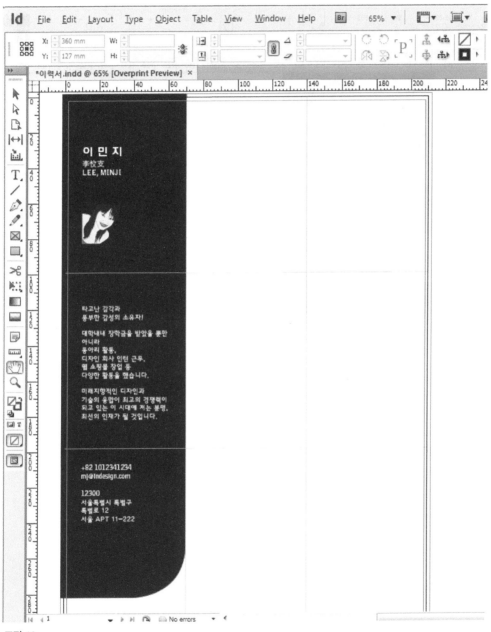

그림 40

❶ 자기소개 영역에 다음과 같이 Ellipse(원형)◯도구를 이용해서 그린다. 색상은 원하는 색으로 채운다.

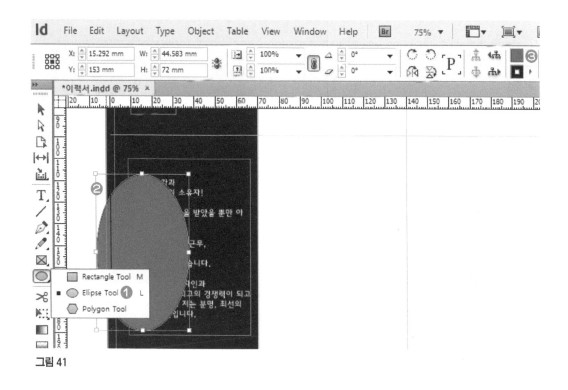

그림 41

❷ 그린 원을 선택한 상태에서 컨트롤 패널에서 Wrap around object Shape(개체 형태 감싸기) 버튼을 클릭한다.

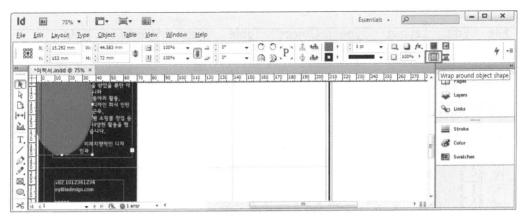

그림 42

❸ [Wrap around object Shape] 옵션 창이 나타나면 개체와 텍스트 간의 여백을 설정한다. 여기서는 3mm로 설정했다.

 잠깐만!!

[Wrap around object Shape] 옵션 창이 나타나지 않으면 〈Window〉–〈Text Wrap〉 메뉴를 선택한다. 〈Window〉메뉴에는 다양한 옵션 창의 목록이 들어 있으므로 원하는 옵션창을 열거나 닫을 때 〈Window〉 메뉴 목록에서 선택하면 된다.

그림 43

❹ 다음은 원의 위치를 이동하고 미리보기 한 결과이다.

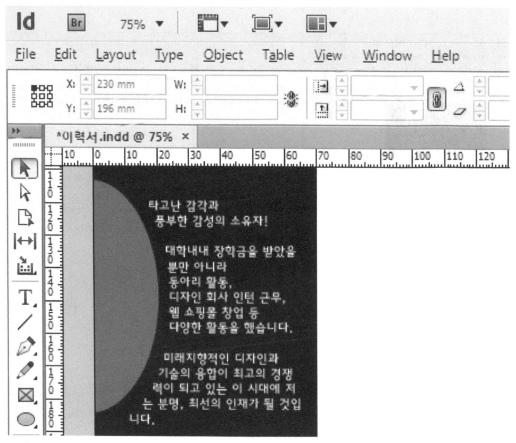

그림 44

07 다각형을 이용해 별 만들기

❶ Polygon(다각형) 📐 도구를 이용해서 오른쪽 영역에 그린다. 이때는 다각형 모양이 중요하지 않다. 채우기 색도 지정한다.

❷ 도구모음에서 Polygon(다각형) 📐 도구를 더블 클릭하면 다음 [Polygon Settings] (다각형 설정)옵션 상자가 나타난다.

별 모양을 만들기 위해 Number of Sides(면의 개수)는 5로, Star Inset(별 깊이)은 45%로 설정하고 OK한다.

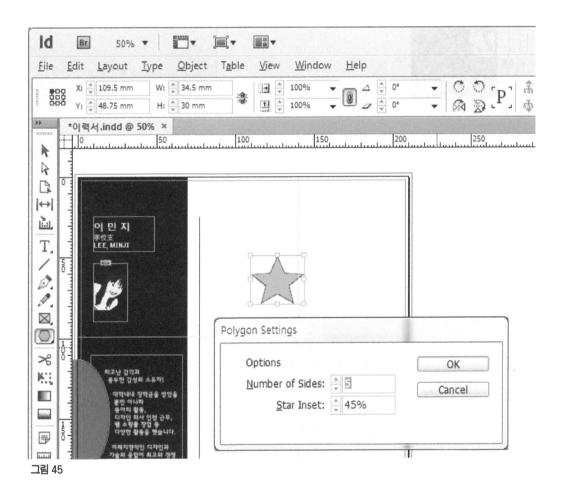

그림 45

❸ 별의 크기를 조절하고 Line(선) ✎ 도구를 이용하여 세로 라인을 만든 다음 맨 위에 앞에서 만든 별을 배치한다.

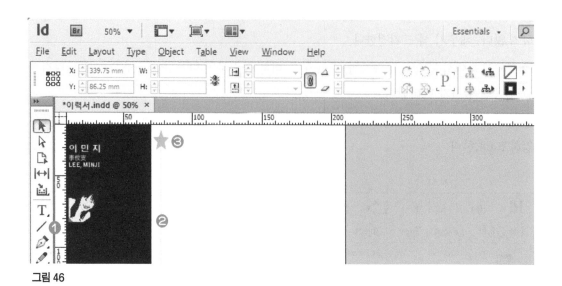

그림 46

08 텍스트 프레임으로 영역 만들기

❶ 오른쪽에 경력, 학력, 수상 이력 등을 입력할 영역을 Type(문자) ⊤ 도구를 이용하여 배치한다.

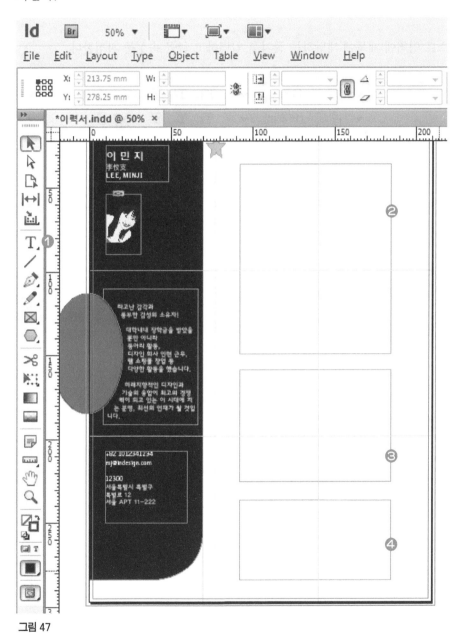

그림 47

09 문자 스타일 지정하기

문서에 입력할 문자에 반복해서 적용할 글꼴, 크기. 기타 글자 효과가 있다면 글자에 설정할 속성들을 하나의 글자 스타일로 지정해 놓고 적용하면 편하게 작업할 수 있다.

❶ 첫 번째 텍스트 영역에 제목에 해당하는 글자를 입력하고 글꼴 속성을 지정한다.

그림 48

❷ 입력한 글자 안에 커서를 두거나, 블록 선택 한 다음 〈Window〉-〈Styles〉-〈Character Styles〉메뉴를 선택한다.

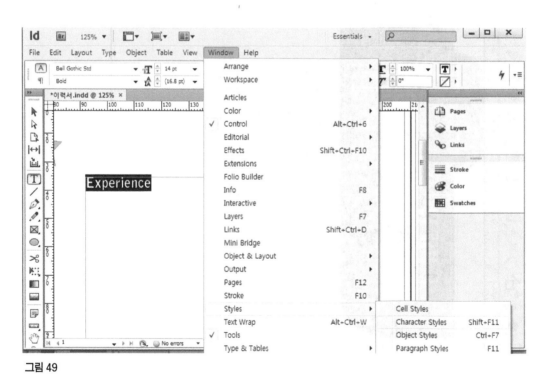

그림 49

❸ [Character Styles] 패널이 열리면, Create new style(새로운 스타일 만들기)아이콘 █ 을
클릭한다. 그러면, [None] 아래로 〈Character Style 1〉이 만들어진다.

그림 50

❹ 목록에 들어온 〈Character Style 1〉을 더블 클릭한다.

❺ 다음의 [Character Style Options] 대화상자에서 Style Name항목에 스타일 이름을 입력하고 Shortcut(단축키) 항목에서는 커서를 그 안에 두고 한 개의 특수키, 또는 여러 개의 특수키를 누른 상태에서 키보드 오른쪽에 있는 숫자 키를 눌러서 입력한다.

이때, 인디자인에서 사용하고 있는 단축키를 지정하지 않도록 한다.

아래 커다란 네모 상자 안에는 스타일로 지정되는 서식들이 들어와 있다.

OK한다.

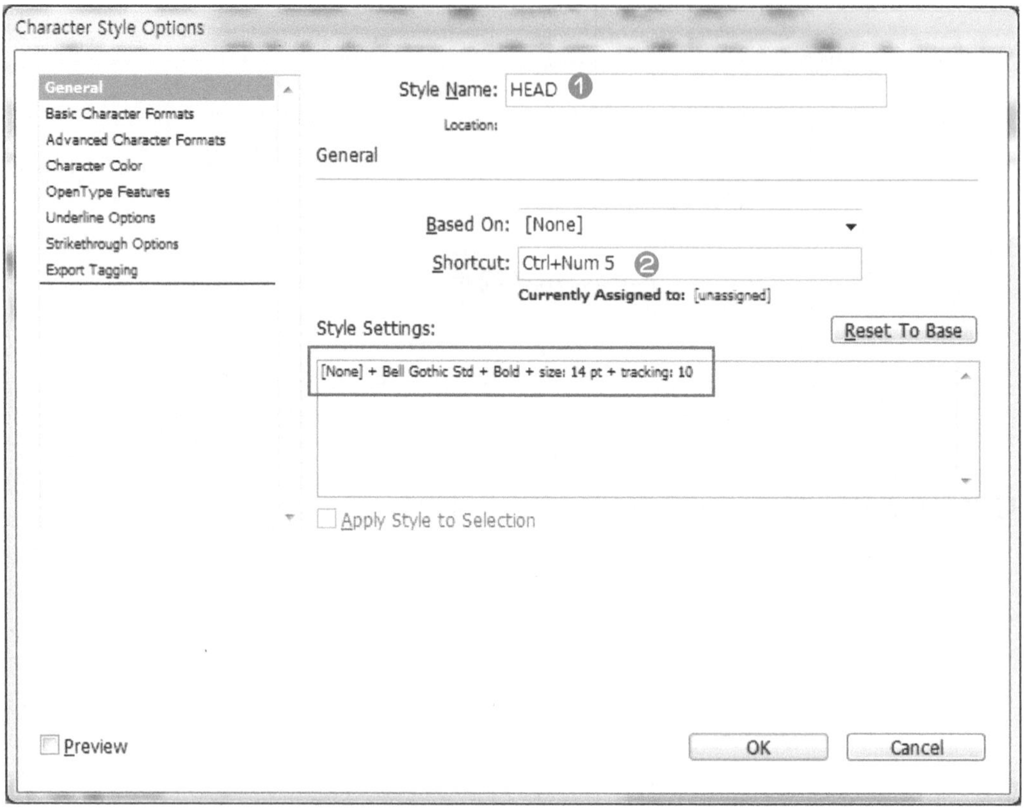

그림 51

❻ 나머지 영역에서 제목을 입력하고 각각 앞에서 정의한 글자 스타일을 적용한다. 앞에서 정의한 단축키를 누르면 즉시 해당 스타일로 적용된다.

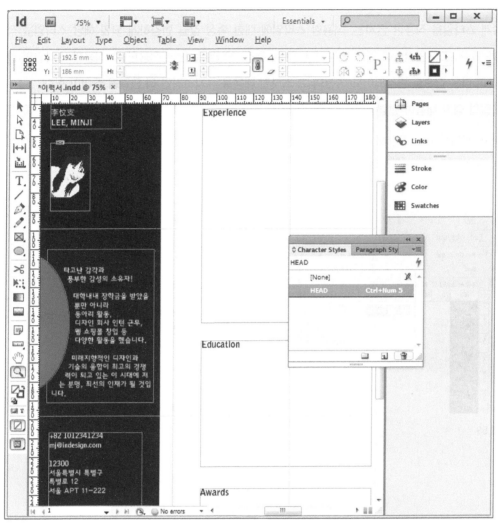

그림 52

 잠깐만!!

이렇게 스타일을 적용한 글자는, 적용한 스타일에 대한 속성 값을 변경하게 되면 해당 스타일을 적용했던 글자들도 연결되어 같이 변경된다. 만일, 특정 스타일로 한번 적용한 후 적용한 스타일의 설정 값이 다른 값으로 변경되어도 이전의 그 스타일 내용을 유지하려면 이 연결을 끊어야 한다.

스타일의 정의 내용이 변경되어도 이전 스타일로 적용한 내용을 그대로 유지하려면 글자를 블록 선택하고, [Character Styles] 패널에서 오른쪽 메뉴 팝업 아이콘 을 클릭하고, 나온 메뉴에서 〈Break Link to Style〉메뉴를 선택한다.

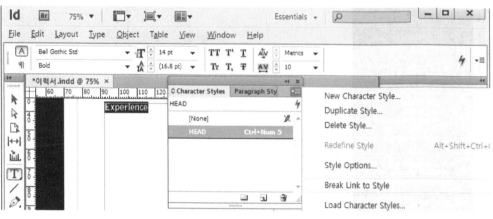

그림 53

10 단락 스타일 정의하기

단락스타일을 먼저 정의하고 그 스타일을 단락에 지정해보자.

❶ 〈Window〉–〈Styles〉–〈Paragraph Styles〉메뉴를 선택한다.

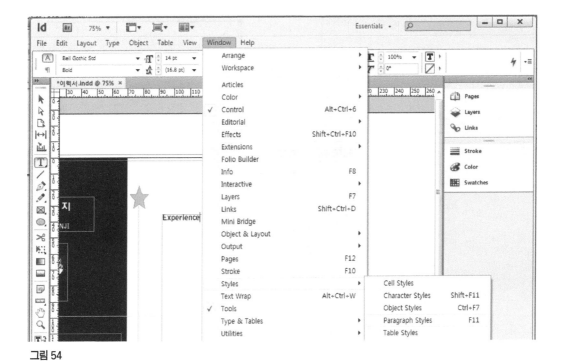

그림 54

❷ [Paragraph Styles] 패널이 열리면 Create new style 🔳 아이콘을 누른다.

❸ 목록에 〈Paragraph Style 1〉이 만들어진다. 〈Paragraph Style 1〉을 더블 클릭한다.

그림 55

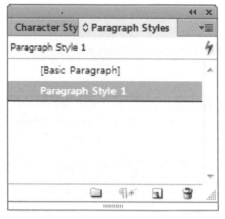

그림 56

❹ 왼쪽 메뉴에서 〈Basic Character Formats〉메뉴를 선택하고 스타일 이름과 글꼴, 그 외 글자 속성들을 지정한다. OK한다.

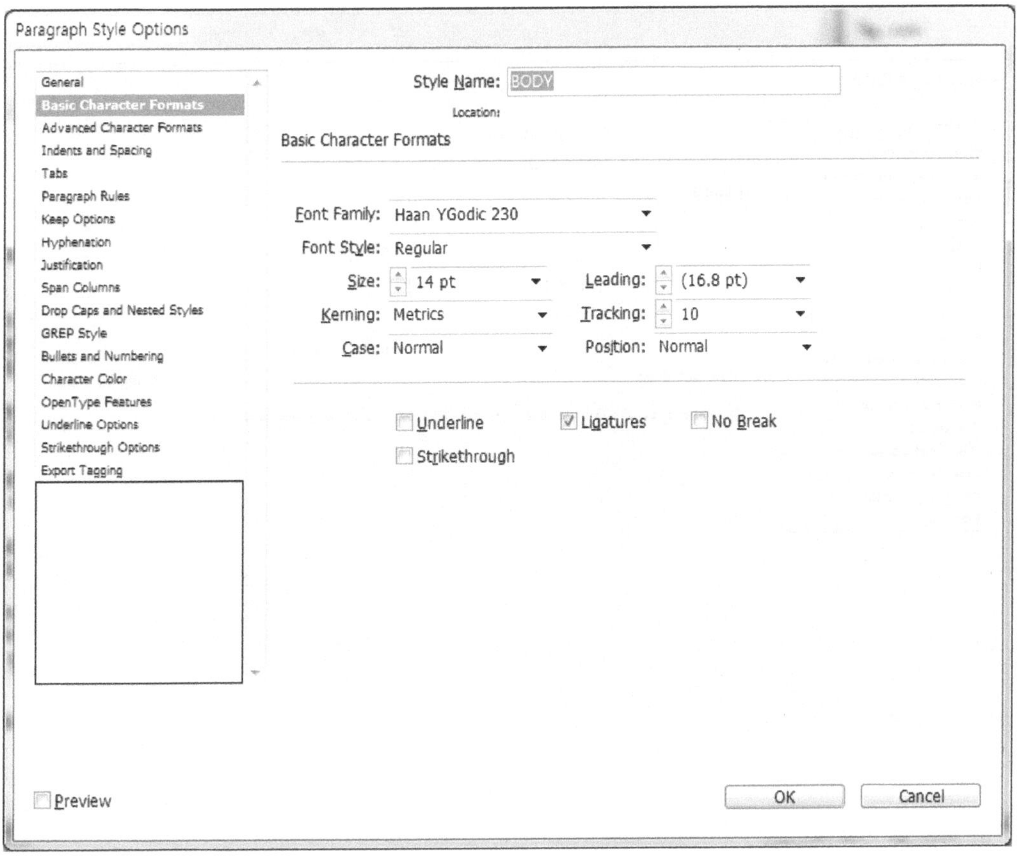

그림 57

❺ 왼쪽 메뉴에서 〈General〉메뉴를 선택하고 Shortcut(단축키)를 설정한다. 특수키와 키보드 오른쪽에 있는 숫자 키를 같이 눌러서 지정한다. 문자 스타일에서 정한 단축키와 동일하지 않도록 주의한다. OK한다.

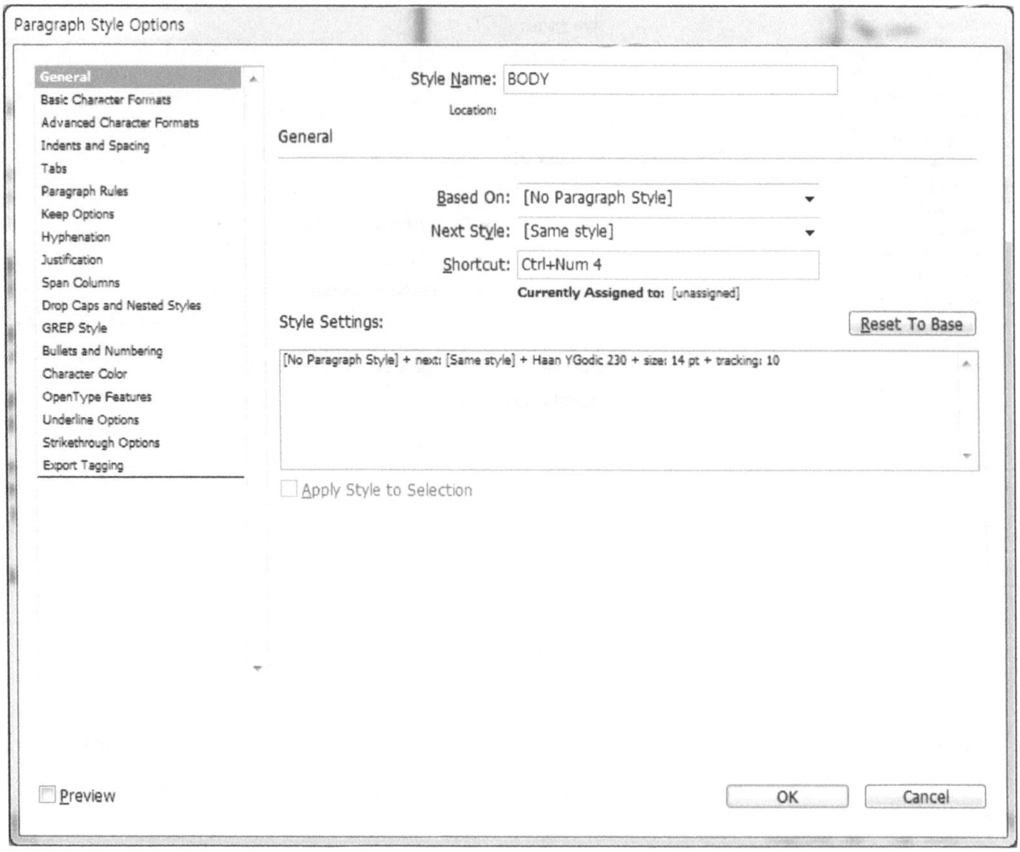

그림 58

❻ 단락 스타일을 적용하기 위해, 각 텍스트 영역에 내용을 입력하기 전 앞 단계에서 설정한 단축키를 누르고 나서 입력하거나 기본 값으로 입력한 다음에, 전체 내용을 블록 선택하고 단축키를 눌러서 적용한다.

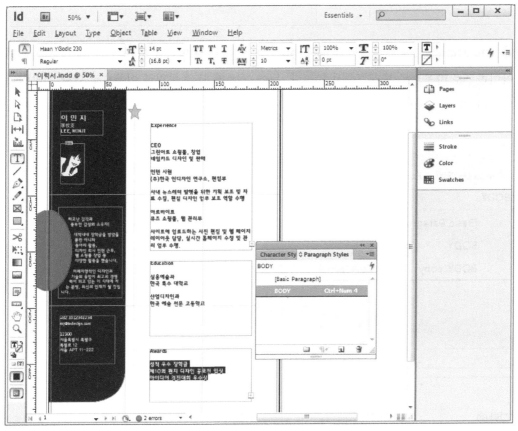

그림 59

11 단락 스타일 복사해서 수정하기

또다른 단락스타일을 정의하기 위해, 앞에서 정의한 단락스타일을 복사해서 글자 크기만 변경한다.

❶ [Paragraph Styles] 패널에서 앞에서 정의한 단락 스타일 이름을 아래의 Create new style 아이콘으로 마우스로 드래그해서 놓는다. 뒤에 copy가 붙은 동일한 이름으로 단락 스타일이 만들어진다. copy가 뒤에 붙은, 복사된 단락스타일 이름을 더블 클릭한다.

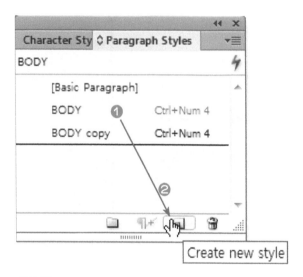

그림 60

❷ [Paragraph style Options] 대화상자에서 스타일 이름과 단축키를 변경한다.

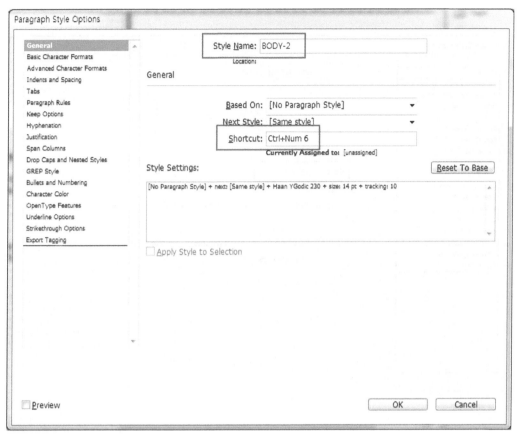

그림 61

❸ 왼쪽 메뉴에서 〈Basic Character Formats〉를 선택하고, 글자 사이즈만 10pt로 변경한다. OK한다.

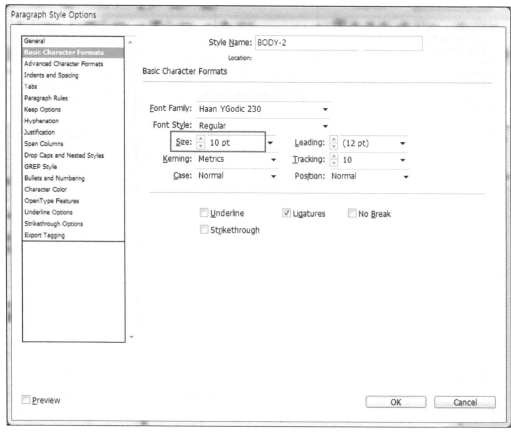

그림 62

❹ 날짜를 입력할 수 있도록 Type(문자)도구 T,를 이용해서 3개의 영역을 만든다.
복사해서 새롭게 만든 단락 스타일을 적용해서 해당 날짜를 입력한다.

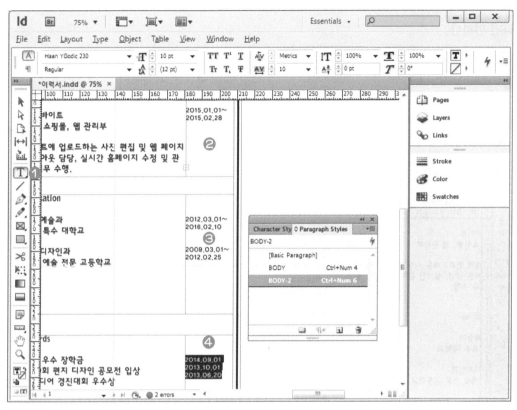

그림 63

 잠깐만!!

선택한 글자에 단락 스타일과 글자 스타일이 동시에 적용되었다면, 글자 스타일이 우선적으로 적용
된다. 단락 스타일을 적용했는데도 원하는 스타일이 적용되지 않는다면 [Character Styles] 패널을
열어서 선택한 글자에 혹시 글자 스타일이 선택되었는지 확인해본다. 만약 특정 글자 스타일이 선택
된 상태로 되어 있다면 〈None〉으로 변경한다.

12 격자(Grid)를 이용해서 텍스트를 줄 라인에 맞추기

서로 다른 텍스트 프레임 안에 입력된 글자들에 대해, 가로 줄을 맞추려면 Grid(격자)를 이용하면 편하다.

❶ 〈View〉−〈Grids & Guides〉−〈Show Baseline Grid〉메뉴를 선택한다.

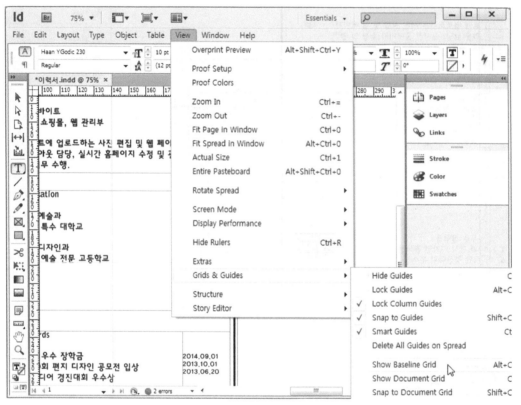

그림 64

다음과 같이 밑줄이 나타난다. 경력내용이 들어간 프레임의 글자와 날짜가 들어간 프레임의
글자의 줄이 맞지 않는 것을 확인 할 수 있다.

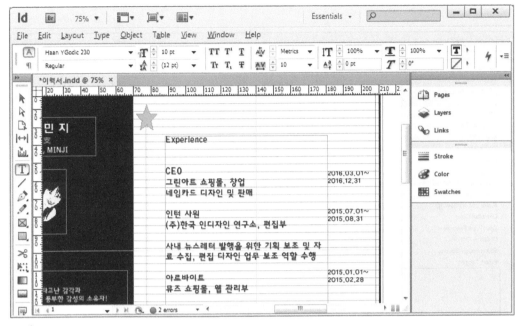

그림 65

❷ [Paragraph Styles] 패널에서 앞에서 정의한 단락 스타일을 더블 클릭한다.

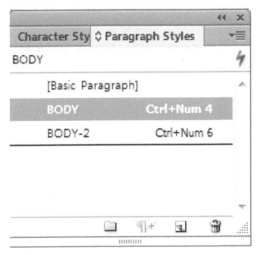

그림 66

❸ [Paragraph Styles Options] 대화상자가 열리면 왼쪽 메뉴에서 〈Indents & Spacing〉 메뉴를 선택하고 Align to Grid(그리드 정렬방법) 항목을 "All lines"로 선택하고 OK한다.

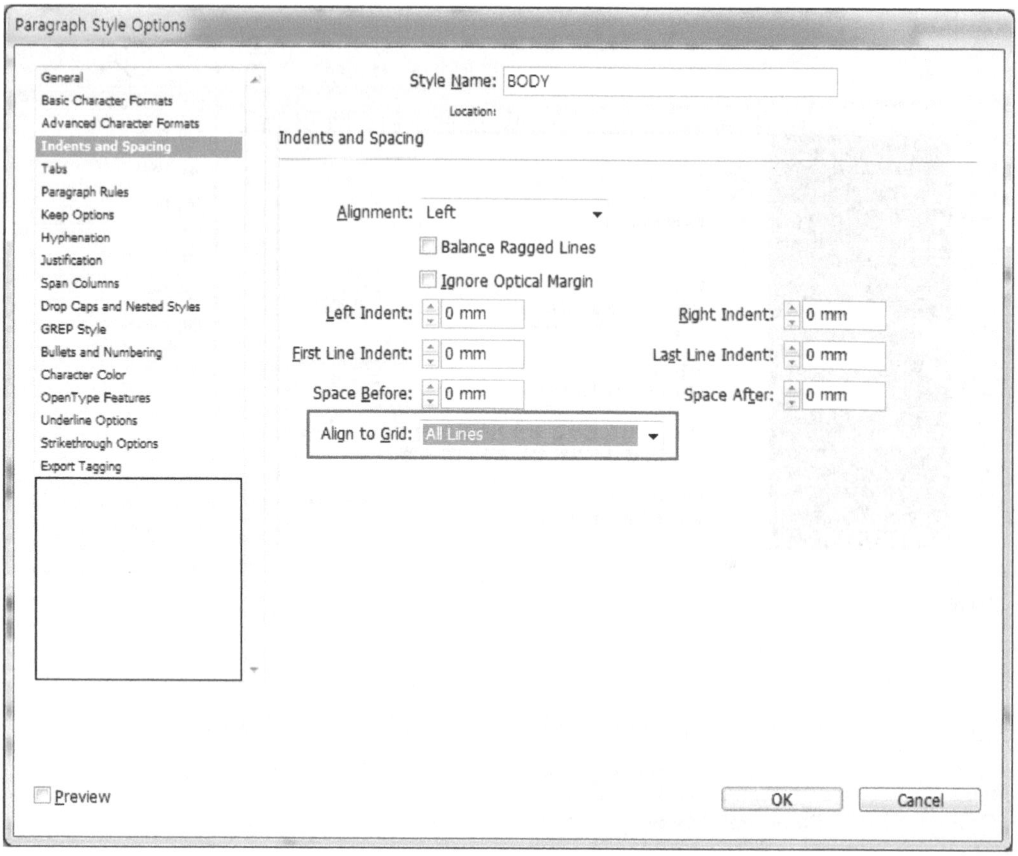

그림 67

❹ 또 다른 단락스타일에 대해서도 동일한 작업을 수행한다.

이 결과로, 입력한 텍스트의 내용이 잘려서 안보이거나 글자 줄 간격이 많이 벌어지거나 하는 상태를 보게 되는데, 이것은 프레임 텍스트에서의 줄 간격과 Grid의 줄 간격 수치가 달라서이다.

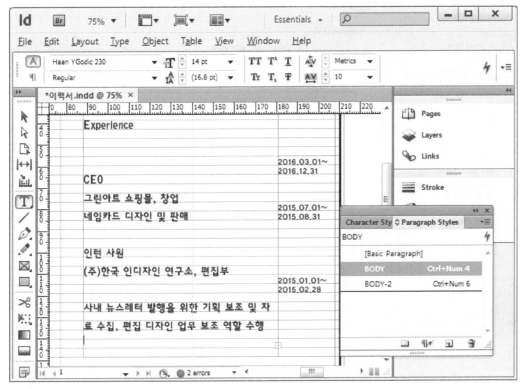

그림 68

❺ 경력 내용(Experience)을 입력한 텍스트 프레임에 적용한 단락 스타일의 줄 간격 값을 확인한다. 여기서는 16.8pt이다.

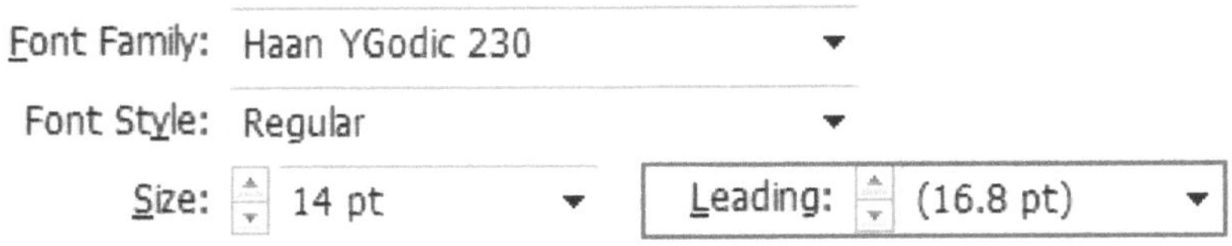

Font Family: Haan YGodic 230 ▼
Font Style: Regular ▼
Size: 14 pt ▼   Leading: (16.8 pt) ▼

그림 69

❻ ⟨Edit⟩–⟨Preferences⟩–⟨Grids⟩메뉴를 선택한다.
Increment Every값을 동일한 값으로 설정한다. OK한다.

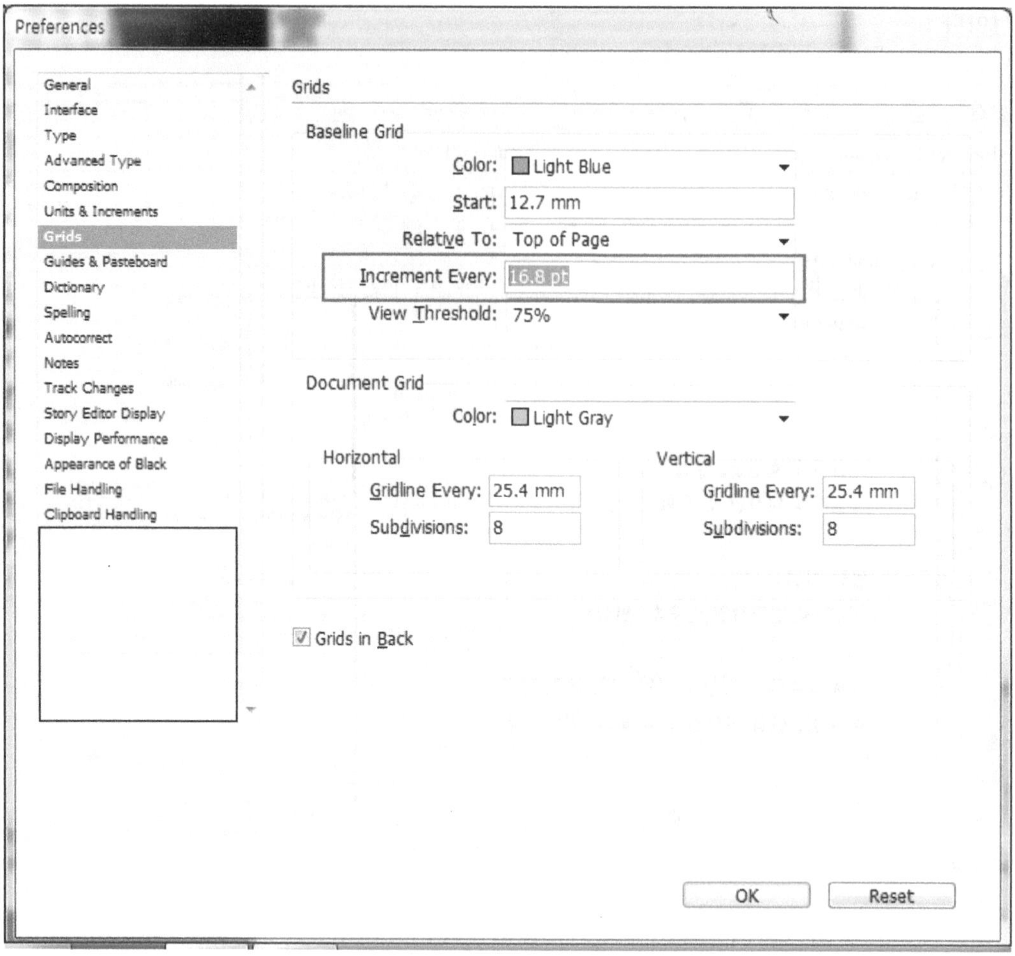

그림 70

❼ 그리드 선에 따라서 입력한 텍스트들을 조정한다.

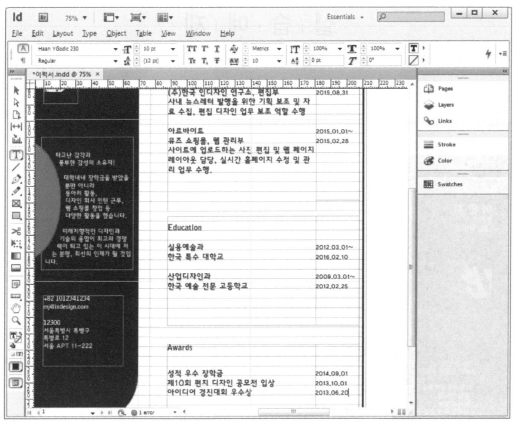

그림 71

실 l 습 l 예 l 제

앞에서 만든 이력서를 다음 이미지가 되도록 수정한다.

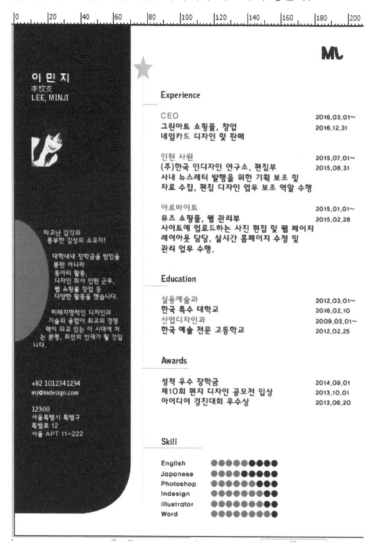

그림 72

❶ 글자 외곽선을 만들어서 자신만의 로고 만들기

그림 73

❷ 선 추가하고, 기존에 만들었던 문자 스타일 복사해서 글꼴과 색상 변경한 다음 문자에 적
용하기

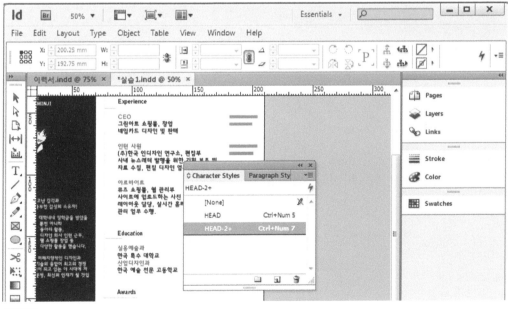

그림 74

③ 새로운 영역 만들고 글리프 이용하기

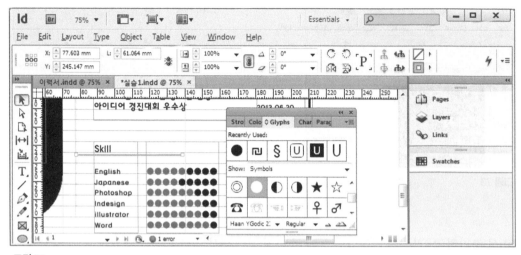

그림 75

홍보용 문서 만들면서 다단 문서 배우기

학습내용

- 개체 스타일 지정하기
- 글머리기호를 단락 스타일로 지정하기
- 다수의 이미지 한 번에 배치하기
- 단락 스타일 정의하기
- 레이어 만들기
- 레이어 투명도 지정하기
- 버튼 만들고 이벤트에 반응하는 기능 지정하기
- 스레드 텍스트 프레임 만들기
- 외부 텍스트파일 불러오기
- 이미지에서 색상 추출하기
- 인터랙티브 PDF문서 만들기
- 텍스트 프레임을 이용해서 다단 문서 만들기
- 패스파인더 기능 사용하기
- 페이지에 북마크 지정하기
- 하이퍼링크 만들기

기본단계

메뉴판 만들기

01 새 문서 만들기

❶ 〈File〉-〈New〉-〈Document〉메뉴를 선택한다.

❷ [New Document] 대화상자에서 다음과 같이 설정한다.

책이 아니므로 Facing Pages는 체크를 해제한다.

Margins(여백)은 모두 3mm로 설정하고 OK한다.

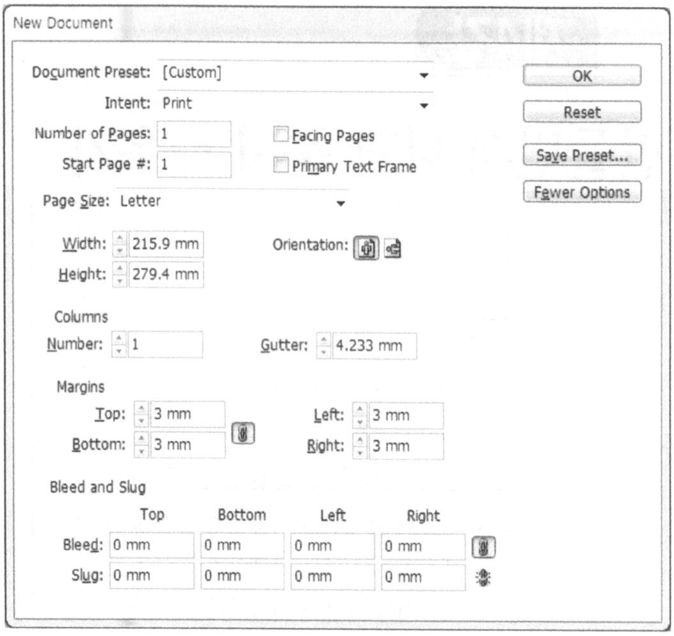

그림 1

02 텍스트 프레임의 단 나누기

❶ Rectangle Frame(사각 프레임)⊠도구를 이용해서 상단에 배치하고, Type(문자)도구
T.를 이용해서 그 밑으로 텍스트 프레임 자리를 잡아 놓는다.

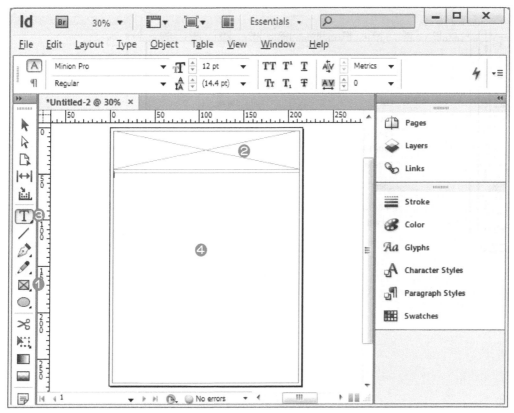

그림 2

❷ 텍스트 프레임이 선택된 상태에서 오른쪽 마우스 버튼을 누르고, 나타난 메뉴에서 〈Text Frame Options〉메뉴를 선택한다.

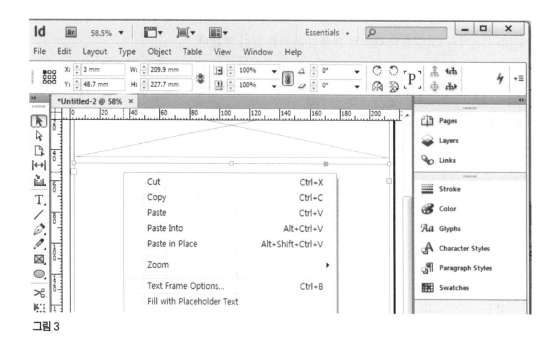

그림 3

❸ [Text Frame Options] 대화상자에서 Number(단의 개수)를 3으로 , Gutter(단사이의 여백)
를 5mm로 설정하고 OK한다.

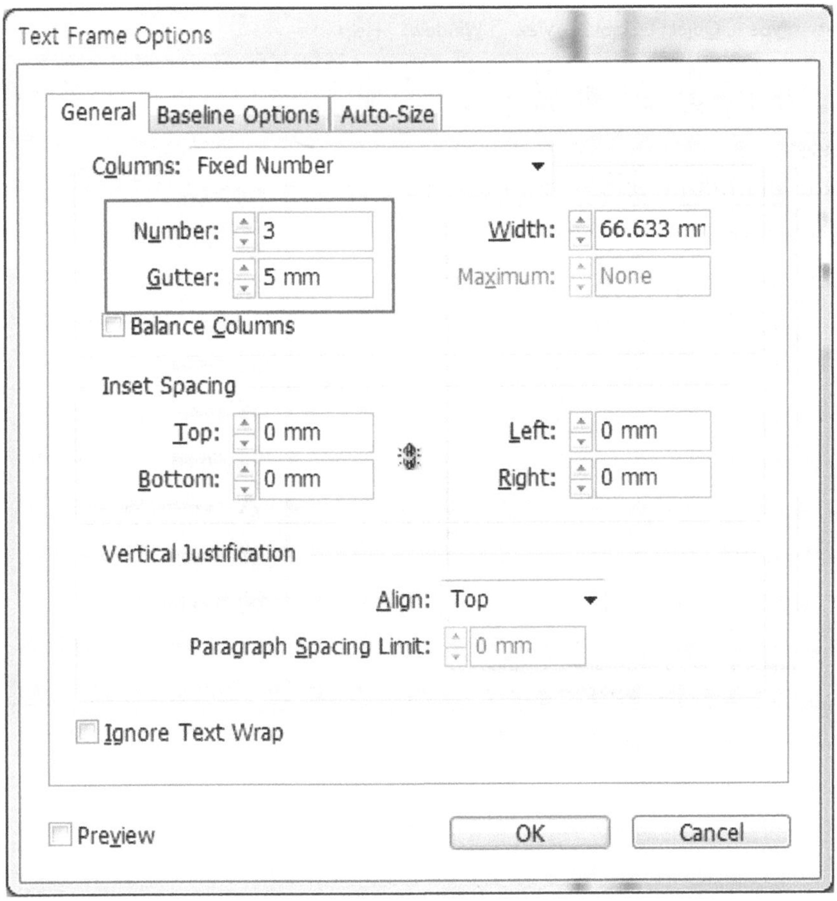

Text Frame Options

General | Baseline Options | Auto-Size

Columns: Fixed Number

Number: 3   Width: 66.633 mr

Gutter: 5 mm   Maximum: None

☐ Balance Columns

Inset Spacing

Top: 0 mm   Left: 0 mm

Bottom: 0 mm   Right: 0 mm

Vertical Justification

Align: Top

Paragraph Spacing Limit: 0 mm

☐ Ignore Text Wrap

☐ Preview   OK   Cancel

그림 4

다음과 같이 텍스트 프레임이 3개의 단으로 나누어진다.

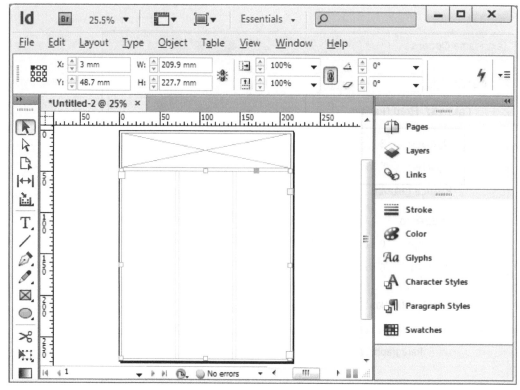

그림 5

03 텍스트 프레임 안에 외부 파일 내용 불러오기

❶ 한글이나 워드를 열고 메뉴를 입력한다. 한 줄에 한 메뉴 씩 입력한다. 한글은 서식 있는 문서 형식(.rtf)의 파일로 저장한다. (menu.rtf)

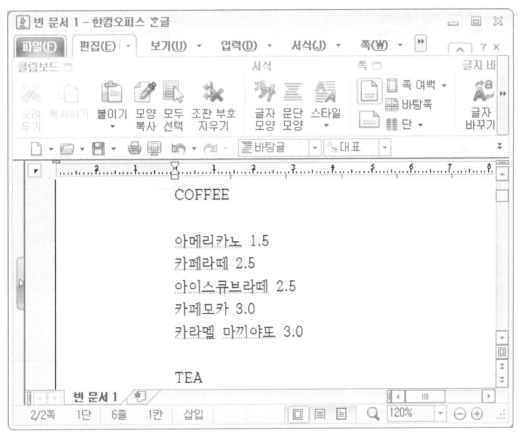

그림 6

❷ 배치된 텍스트 프레임을 선택한 상태에서, 〈File〉-〈Place〉메뉴를 선택하고 메뉴가 입력되어 있는 파일을 연다.

그림 7

한글 파일의 내용이 텍스트프레임의 내용으로 들어온다.

그림 8

④ 불러온 텍스트 전부를 블록 선택한다.

⑤ 글꼴과 크기를 지정하고 가로 정렬을 위해, 컨트롤 패널에서 Justify all lines(양쪽 끝맞추기)▇버튼을 누른다.

그림 9

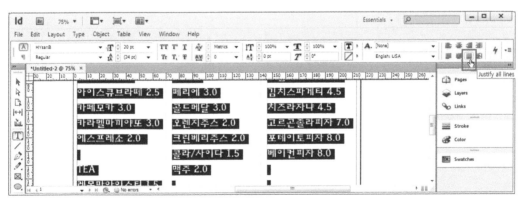

그림 10

다음과 같이 텍스트에 스타일이 적용된다.

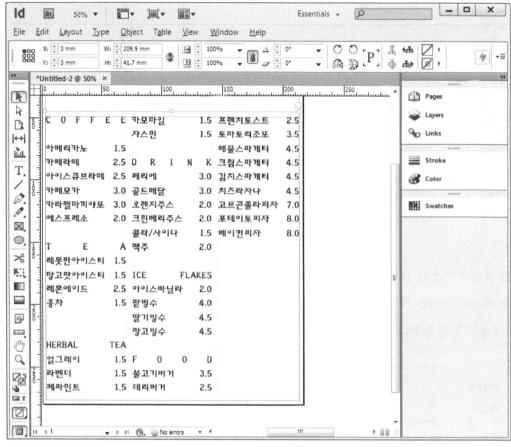

그림 11

04 단락스타일 정의하기

❶ 메뉴에서 메뉴 종류에 해당하는 글자를 블록 선택한다.

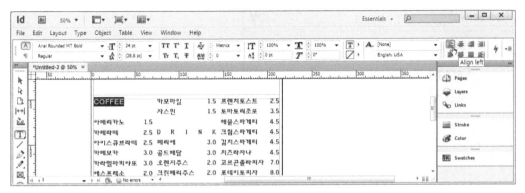

그림 12

❷ 글꼴과 크기, 그리고 문자 색[T]을 지정하고 컨트롤 패널에서 Align Left(왼쪽 정렬)[≡] 버튼을 누른다.

그림 13

❸ 글자가 블록 선택된 상태에서 〈Type〉-〈Paragraph Styles〉메뉴를 선택한다.

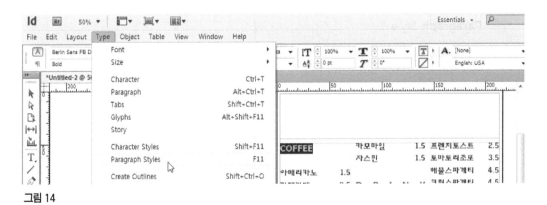

그림 14

❹ [Paragraph Styles](단락 스타일) 패널이 열리면, 아래에서 Create new style 버튼을 누른다.

그림 15

❺ 목록에서, 새롭게 만들어진 단락 스타일 이름을 더블 클릭한다.

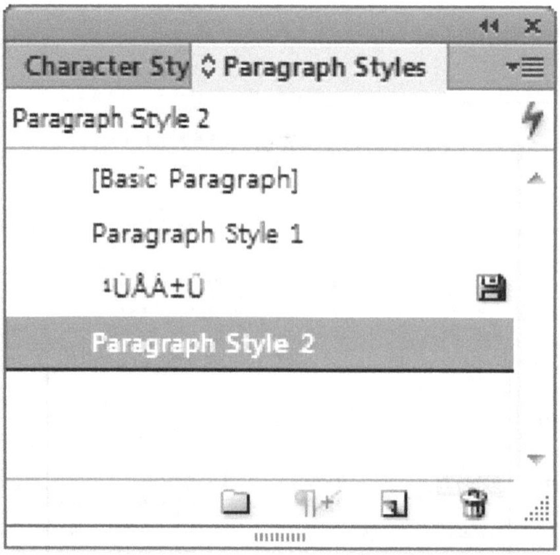

그림 16

❻ [Paragraph Styles Options] 대화상자에서 Name(이름)과 Shortcut(단축키)을 설정한다. Shortcut에 커서가 있는 상태에서 특수키와 키보드 오른쪽에 있는 숫자 키를 같이 누르면 된다. OK한다.

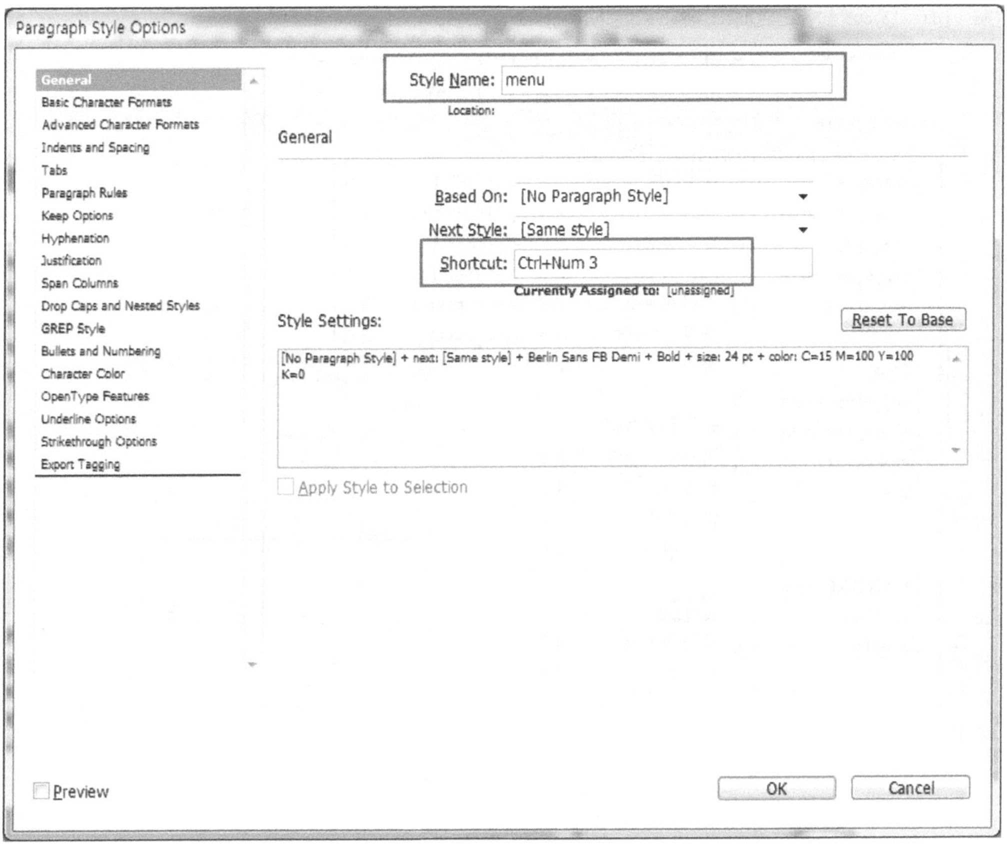

그림 17

❼ 앞에서 정의한 단락 스타일을 다른 메뉴 이름에도 적용한다. 각 메뉴 이름들을 블록 선택한 다음, 단축키를 누르거나 단락스타일 이름을 선택하면 적용된다.

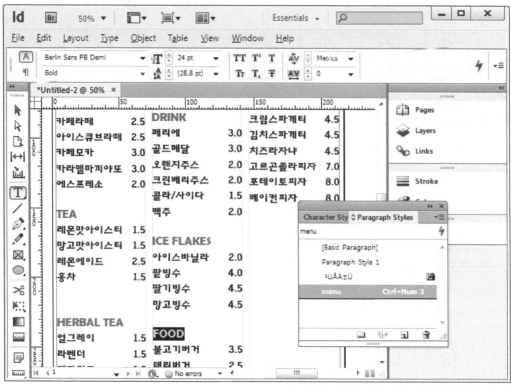

그림 18

05 레이어 만들기

레이어를 만들어서 메뉴 배경을 디자인한다.

❶ 화면 오른쪽 기본 패널 메뉴 중에서 Layers를 선택한다. [Layers] 패널이 펼쳐지면서 열린다.

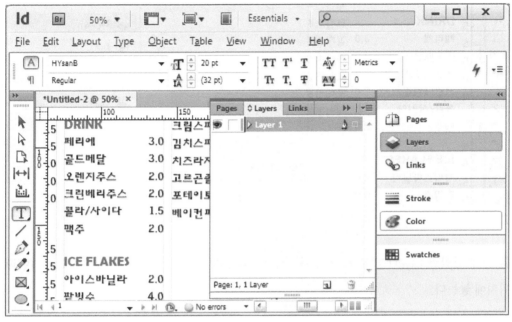

그림 19

❷ [Layers] 패널 아래에서 Create new layer아이콘을 선택한다.

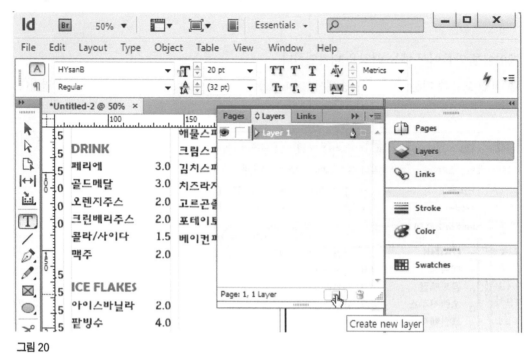

그림 20

❸ 현재 있었던 Layer1 위로 Layer2 가 만들어진다. 새로 만든 Layer2를 끌어다 Layer1아래 위치에 놓는다.

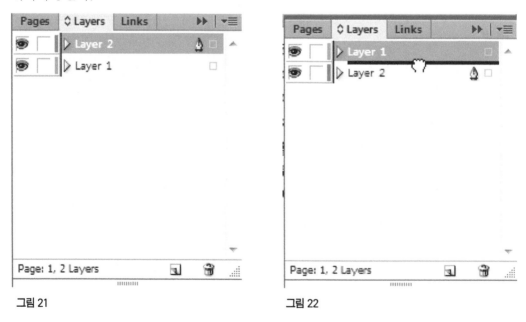

그림 21   그림 22

❹ 작업을 편하게 하기 위해 Layer1의 눈 아이콘을 클릭해서 보이지 않게 한다.

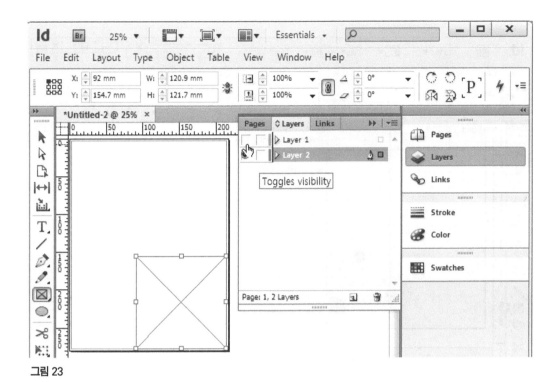

그림 23

❺ 페이지에서 Rectangle Frame(사각 프레임)⊠도구를 이용하여 오른쪽 아래 영역에 배치하고 〈File〉-〈Place〉메뉴를 선택해서 이미지를 불러온다.

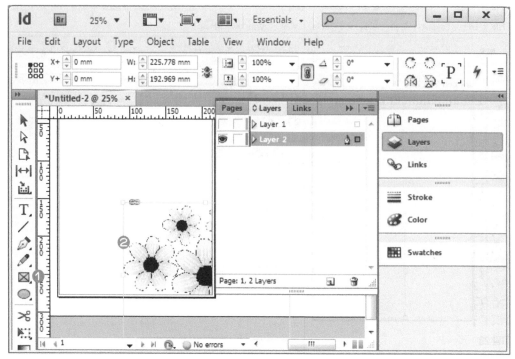

그림 24

❻ Layer2가 선택된 상태에서 투명도(39%)를 조절해서 흐리게 만든다.

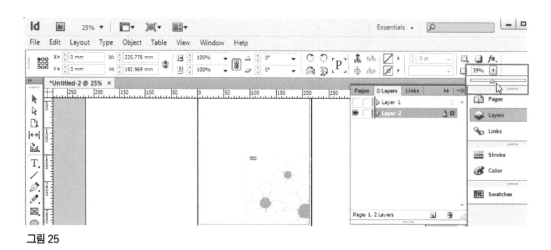

그림 25

❼ Layer1의 눈 아이콘을 클릭해서 보이게 한다. 두 개의 레이어가 겹쳐서 보여 진다.

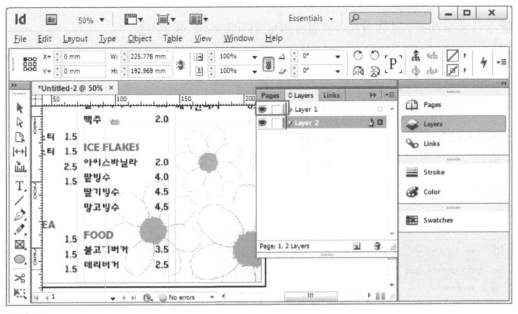

그림 26

06 개체 스타일 만들기

❶ 상단에 배치해 두었던 사각 프레임의 바탕색(Yellow)을 지정한다.

❷ 그 사각 프레임 안에 Type(문자)도구 T를 이용해서 텍스트 프레임을 배치하고 글자 (menu)를 입력한다. 글꼴과 크기도 다음과 같이 설정한다.

그림 27

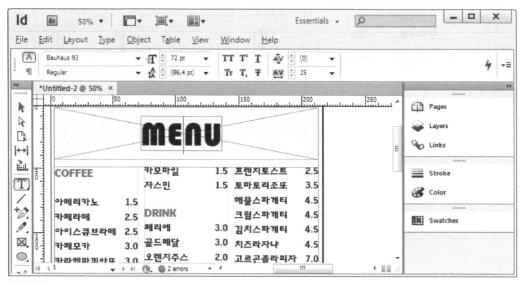

그림 28

❸ 입력한 글자에서, 한 글자마다 각각 효과를 주기 위해 첫 글자를 블록 선택하고 〈Type〉-
〈Create Outlines〉메뉴를 선택한다.

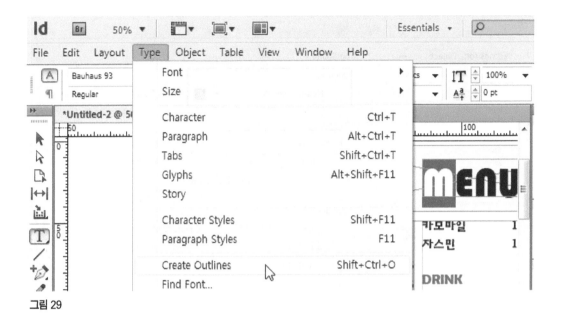

그림 29

❹ 첫 글자가 선택된 상태에서 컨트롤 패널에 있는 Add an object effect to the selected
target(선택한 대상에 개체 효과 주기)버튼 $fx.$ 을 누른다. 나온 메뉴 중에서 〈Drop
Shadow〉메뉴를 선택한다.

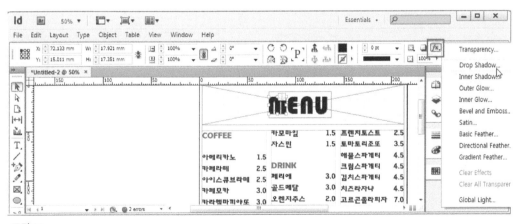

그림 30

❺ 그림자 모드를 설정하기 위해 Blending Mode를 Multiply로 선택하고 그림자 위치를 설정하기 위해 Position의 Distance를 5로 설정하고 OK한다.

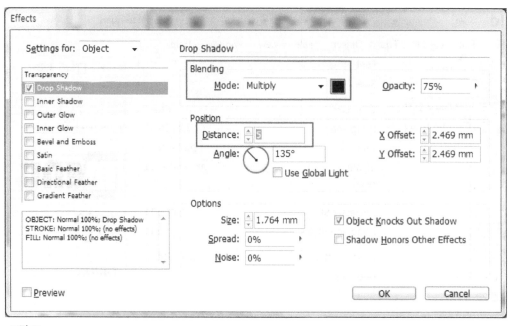

그림 31

⑥ 첫 번째 글자에 그림자 효과가 적용된다.

⑦ 첫 번째 글자가 선택된 상태에서 〈Window〉-〈Style〉-〈Object Styles〉메뉴를 선택한다.

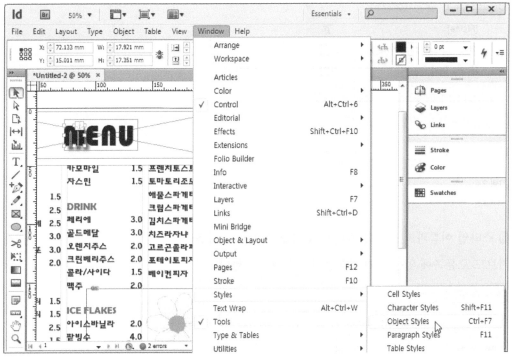

그림 32

⑧ [Object Styles] 패널이 나타나면, 아래의 Create new style 아이콘을 클릭한다.

그림 33

❾ 새로운 개체 스타일 이름, Object Style 1이 목록에 들어오면 Object Style 1을 더블 클릭한다.

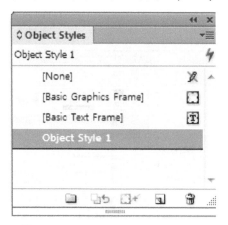

그림 34

❿ 스타일 이름과 단축키를 정의하기 위해 Style Name을 menu로 Shortcut항목에서 Ctrl과
키보드 오른쪽에 있는 숫자 2를 같이 누른다. OK한다.

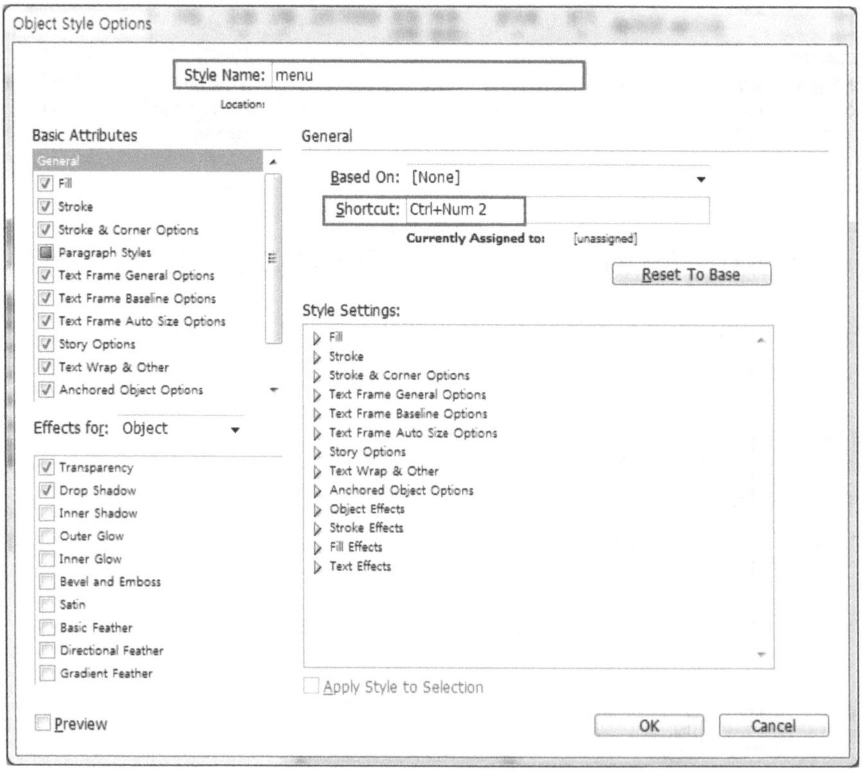

그림 35

⓫ 글자 menu중에서 두번째 글자부터 마지막 글자까지 차례대로 각각 블록 선택하고 〈Type〉-〈Create Outlines〉메뉴를 선택해서 글자 하나하나를 개체화시킨다. 단계 ❸을 참조한다.

⓬ 다른 모든 글자가 개체화 되었으면 한 개씩 차례대로 선택한 다음 [Object Styles] 패널에서 앞에서 정의 개체 스타일 menu를 클릭해서 개체 스타일을 적용한다.

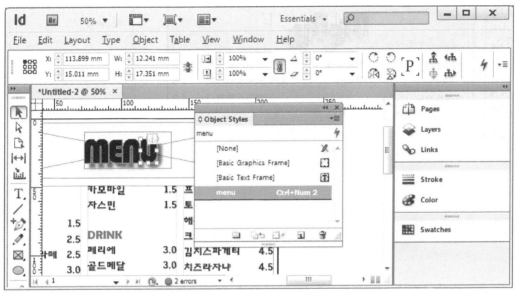

그림 36

⑬ 개체스타일을 모두 적용한 다음, 위치를 이동시키거나 회전시켜서 원하는 모양을 만든다.

그림 37

07 패스파인더 이용하기

패스파인더를 이용해서 간단한 로고를 만든다.

❶ 작업을 편하게 하기 위해, 페이지 외부에서 사각형 도구 ▢ 를 이용해서 사각형 3개를 그리고 겹쳐 놓는다. 한 개를 그린 다음 복사하면 동일한 크기의 사각형을 만들 수 있어서 편하다.

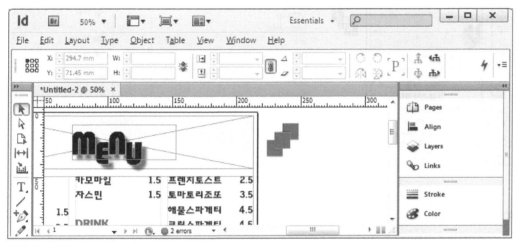

그림 38

❷ 그린 3개의 사각형을 모두 선택하고 〈Widow〉-〈Object Layout〉-〈Pathfinder〉메뉴를 선택한다.

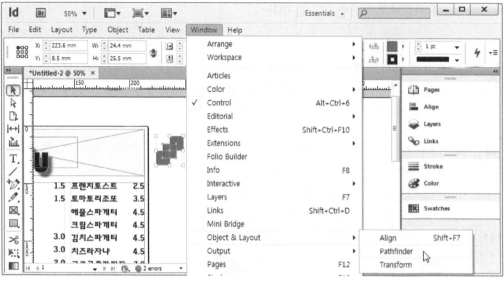

그림 39

❸ Exclude Overlap(겹치지 않은 부분) 아이콘을 누른다.

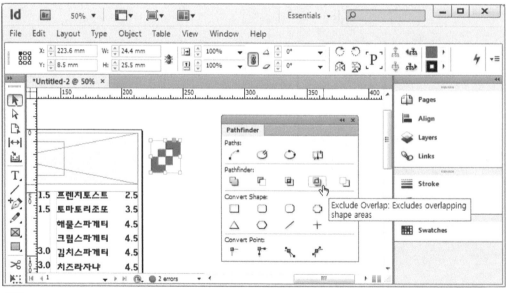

그림 40

잠깐만!!

패스파인더 적용 예는 다음과 같다.

선택 옵션	아이콘	이전	이후
Add(더하기: 도형1 + 도형2)			
Subtract(빼기: 도형1 – 도형2)			
Intersect(교집합: 도형1 ∩ 도형2)			
Exclude Overlap(겹치지 않은 부분)			
Minus Back(도형 2–도형1)			

④ 패스파인더를 적용한 도형을 페이지 안으로 이동시킨다.

그림 41

08 패스 따라서 텍스트입력하기

❶ 작업을 편하게 하기 위해 페이지 밖에서 작업한다. Line(선) / 도구를 이용해서 선을 긋는다.

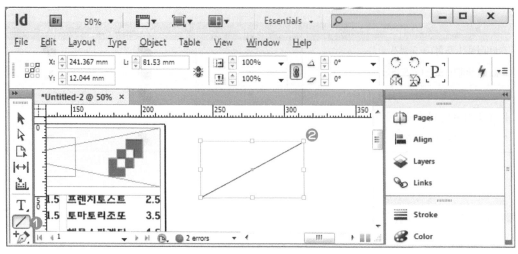

그림 42

❷ 도구 모음에서 Add Anchor Point(기준점 추가) 도구를 선택한다. 앞에서 만든 직선 위에서 클릭해서 기준점 한 개를 추가한 다음, 원하는 선의 모양이 되도록 만든다.

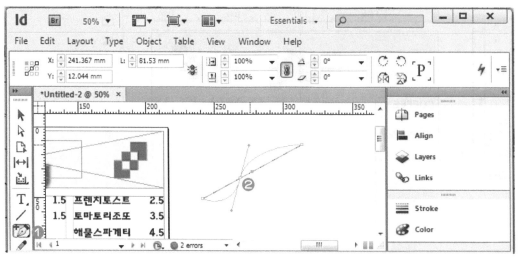

그림 43

❸ 도구모음에서 Type on a Path(패스따라서 문자입력)도구를 선택한다.

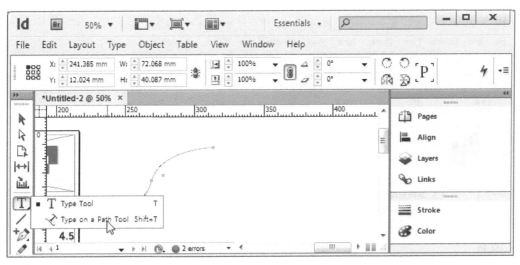

그림 44

❹ 앞에서 만든 패스위, 문자 입력 위치에서 클릭한다. 이때, 커서가 패스 방향에 따라서 기울여졌는지 확인한다.

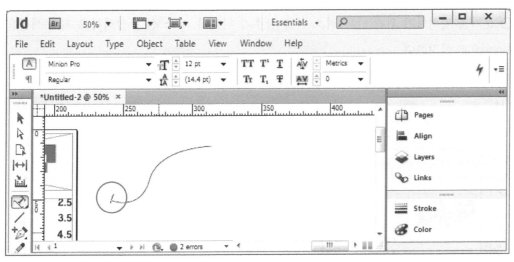

그림 45

⑤ 문자를 입력한다. 글꼴과 크기도 설정한다.

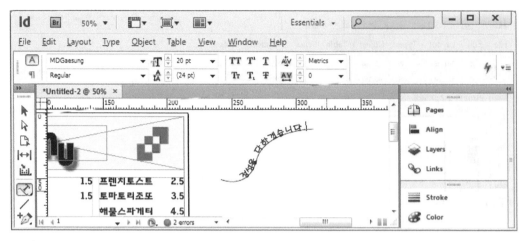

그림 46

그림 47

⑥ 문자를 입력하기 위해 만든 패스 선을 감추기 위해서, 패스 선을 선택하고 획의 색상을 None으로 설정한다.

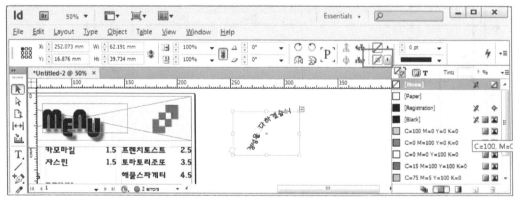

그림 48

⑦ 문자를 페이지 안으로 이동한다.

그림 49

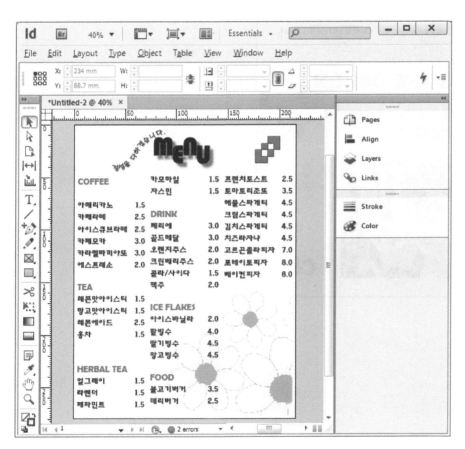

그림 50

실 ┃ 습 ┃ 예 ┃ 제 ①

레이어를 활용해서 다음의 홍보용 전단지를 제작한다.

그림 51

Hint

각 레이어에 배치된 내용

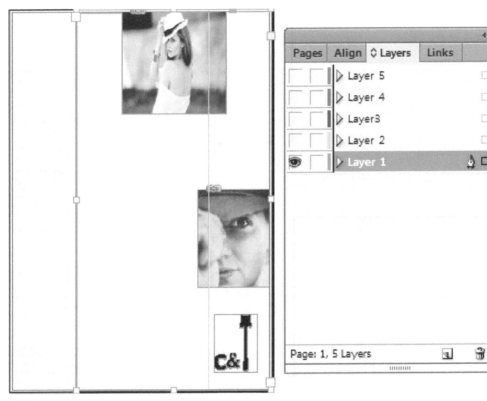

그림 52

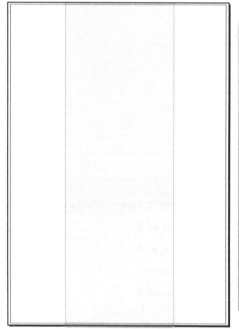
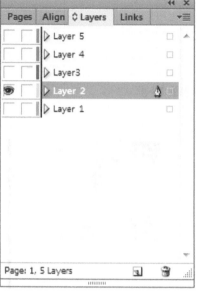

그림 53

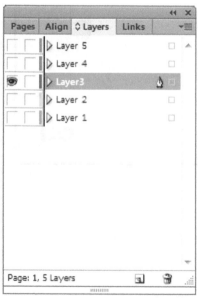

그림 54

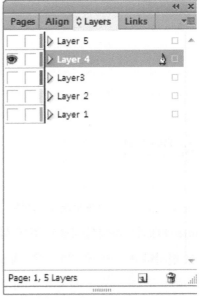

그림 55

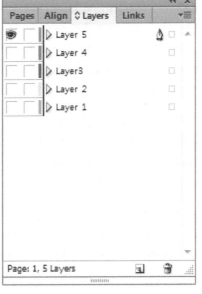

그림 56

양면 3단 브로셔 만들기

01 새 문서 만들기

❶ 〈File〉-〈New〉-〈Document〉메뉴를 선택한다.

❷ [New Document] 대화상자에서 다음과 같이 설정한다.

페이지 수는 2로 설정하고, Facing Pages는 체크를 해제한다. Columns의 Number는 3으

로 , Margins(여백)은 모두 3mm로 설정하고 OK한다.

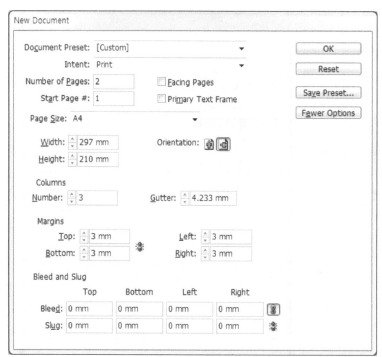

그림 57

❸ 다음과 같이 2페이지가 만들어 진다.

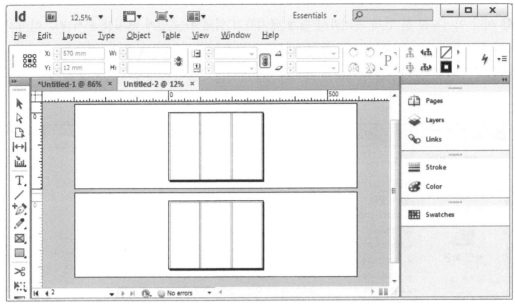

그림 58

02 다수의 이미지를 한 번에 가져오기

❶ 여러 이미지를 한 번에 가져와서 쉽게 배치하기 위해서는, 먼저 배치할 순서대로 이미지 이름을 저장해 놓고, 불러온 이미지 순서에 맞게 각각 원하는 위치에 배치한다.

❷ 〈File〉-〈Place〉메뉴를 선택하고 배치할 5개의 이미지 파일을 모두 선택하고 연다.

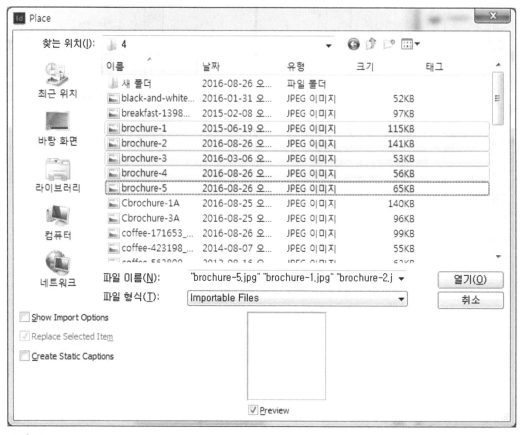

그림 59

❹ 선택한 첫 번째 이미지를 배치할 페이지 위치에서 클릭하고, 원하는 사이즈만큼 드래그한다. 페이지보다 크게 드래그해서 배치한 다음, 페이지 영역을 넘어서는 부분은 마우스로 드래그 해서 축소 조정하면 편하다.

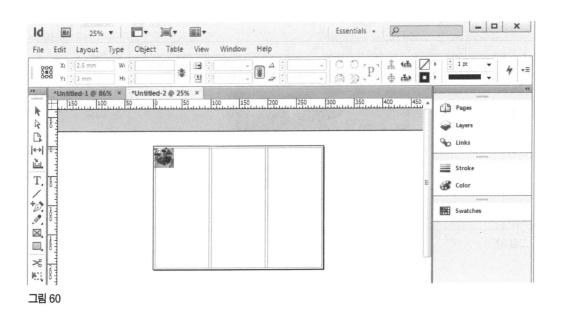

그림 60

그림 61

⑤ 두 번째 이미지를 배치할 페이지 위치에서 클릭하고, 원하는 사이즈만큼 드래그한다.

그림 62

그림 63

❻ 두 번째 페이지에 이미지를 배치하기 위해, 오른쪽 패널 목록에서 Pages를 선택하고 열려진 [Pages]패널에서 두 번째 페이지를 선택한다.

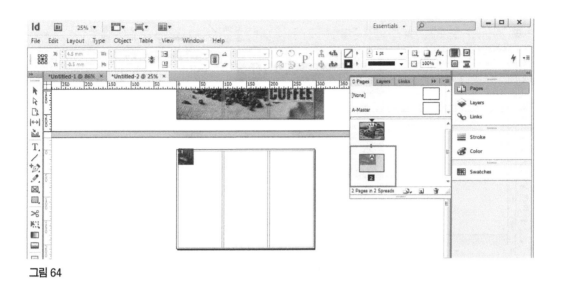
그림 64

❼ 세 번째 이미지를 배치할 페이지 위치에서 클릭하고, 원하는 사이즈만큼 드래그한다.

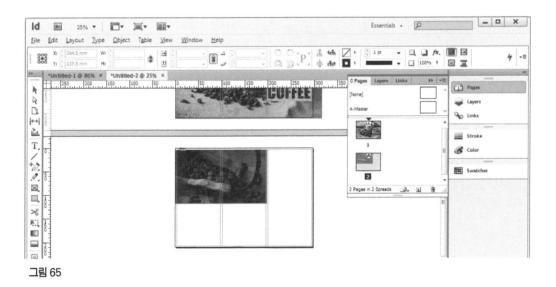
그림 65

❽ 같은 방법으로 네 번째 이미지와 다섯 번째 이미지를 배치한다.

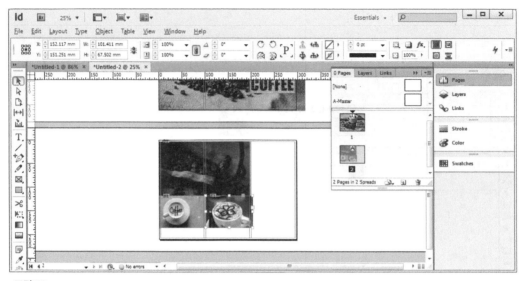

그림 66

03 텍스트 파일에서 복사하기

❶ 브로셔에 들어갈 내용을 한글이나 워드 문서에서 준비해 놓는다. (브로셔.hwp)

입력한 문서를 열어놓는다.

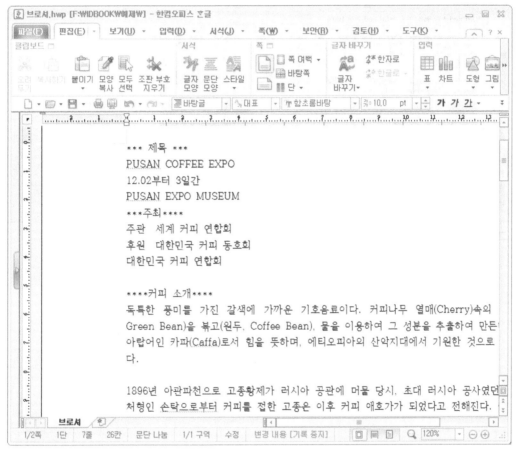

그림 67

❷ Type(문자) T. 도구를 이용해서 텍스트 프레임을 드래그해서 배치하고, 앞에서 준비한
파일 내용 중에 〈제목〉단락에 있는 내용을 복사해서 붙여 넣는다.

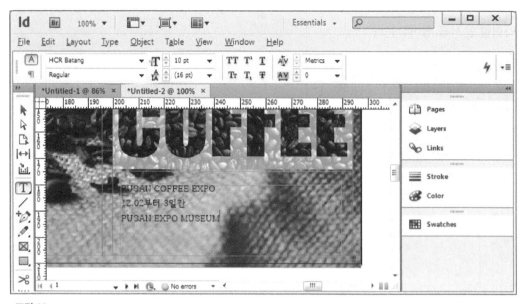

그림 68

04 이미지에서 색상 추출하기

❶ 배치한 텍스트 프레임의 배경색을 배경 이미지에 있는 색상으로 칠하기 위해 도구 모음에서 Eyedropper(스포이드) ![스포이드 아이콘]도구를 선택한다.

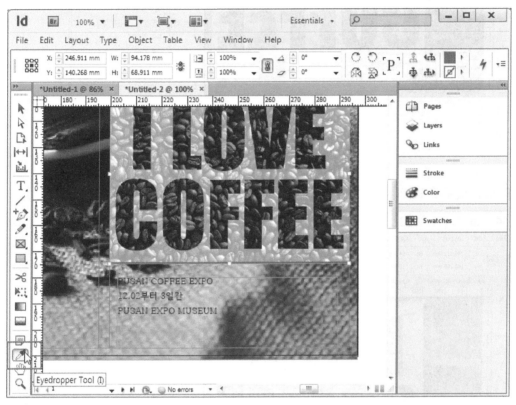

그림 69

❷ 이미지에서 색상을 추출하고자 하는 곳을 클릭한다.

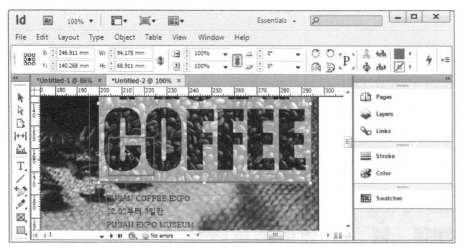

그림 70

❸ 도구 모음에서 Fill(칠) ▦도구를 더블 클릭한다.

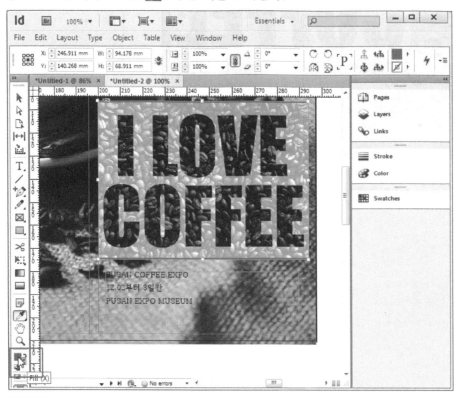

그림 71

❹ [Color Picker] 대화상자가 열리면, 현재 RGB 색상값으로 되어 있는 것을 CMYK 색상 값
으로 설정하기 위해 CMYK 항목 아무 곳에서 클릭한다.

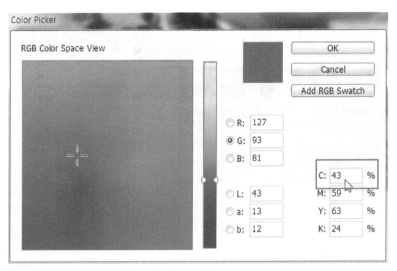

그림 72

❺ 〈Add RGB Swatch〉버튼이 〈Add CMYK Swatch〉버튼으로 바뀐다. 〈Add CMYK
Swatch〉버튼을 누르고 OK한다.

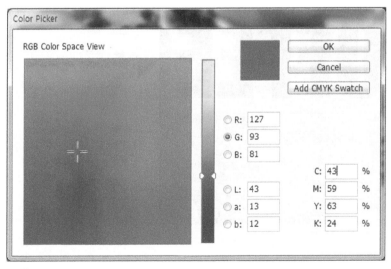

그림 73

❻ 텍스트 프레임의 배경색을 앞에서 추가한 색상으로 설정한다.

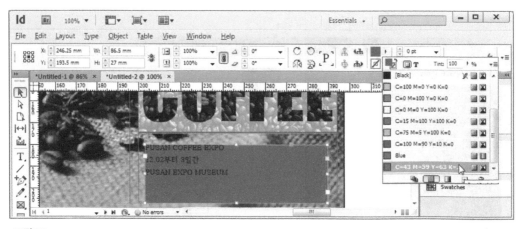

그림 74

❼ 텍스트의 글꼴과 크기, 그리고 글자 색상을 변경하고 정렬시킨 결과이다.

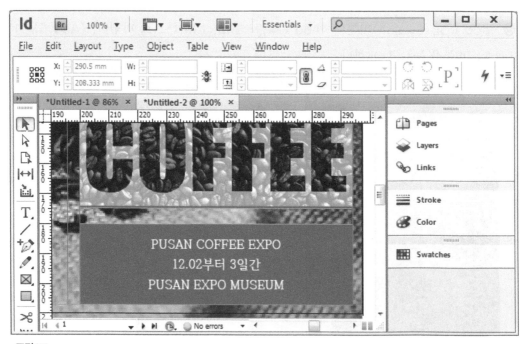

그림 75

❽ 같은 방법으로 한글 파일에서 〈주최〉 단락을 복사해서 붙여 넣는다.

그림 76

05 스레드 텍스트 프레임 만들기

❶ 두 번째 페이지의 왼쪽 단에 Type(문자)도구 T. 를 이용해서 텍스트 프레임을 배치하고, 한글파일에서 〈커피 유래〉 단락을 복사해서 붙여 넣는다. 붙여넣기 한 텍스트의 내용이 많아서 모든 내용을 보여주지 못하게 된다.

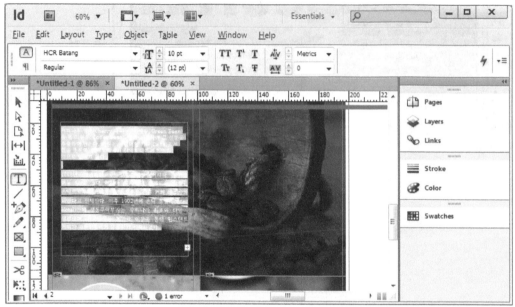

그림 77

❷ 이와같이, 텍스트 프레임이 포함되어 있는 텍스트를 모두 보여주지 못한 상태가 되면 텍스트프레임 오른쪽 아래에 끝 포트⊞가 표시된다.

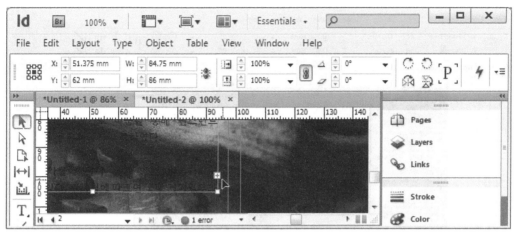

그림 78

❸ 다 보여주지 못하는 텍스트의 내용을 계속 이어서 보여 줄 텍스트 프레임을 만들기 위해, 끝 포트⊞를 클릭한다.

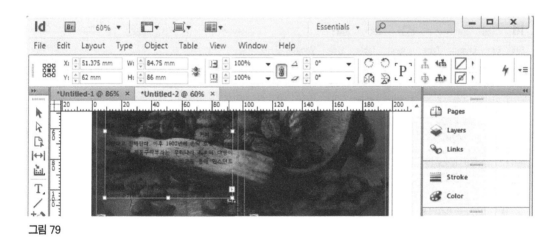

그림 79

❹ 이어서 보여줄 텍스트 프레임의 위치에서 클릭, 드래그한다. 이전 텍스트 프레임에서 보여주지 못한 텍스트들이 자동으로 새로운 텍스트 프레임 안으로 들어온다.

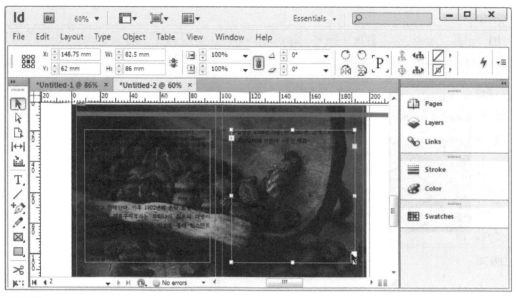

그림 80

❺ 텍스트의 글꼴과 크기를 설정하고, 색상 및 정렬방법을 지정한다.

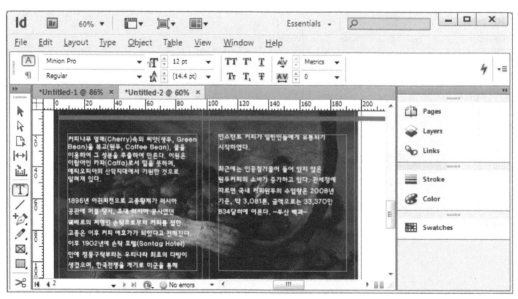

그림 81

❻ 두 번째 페이지의 왼쪽과 가운데 단 아래에, Type(문자)도구 T. 를 이용해서 텍스트 프레임을 배치하고, 한글 파일에서 〈참여기업〉단락과 〈문의처〉 단락을 복사한다.

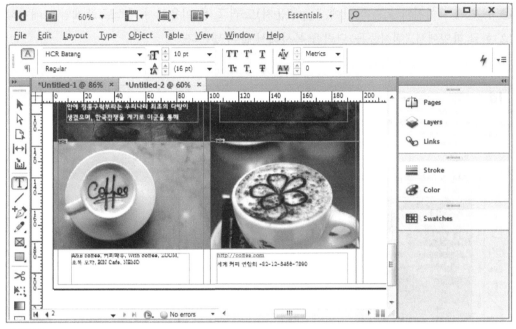

그림 82

❼ 글꼴과 크기, 그리고 정렬방법을 설정한다.

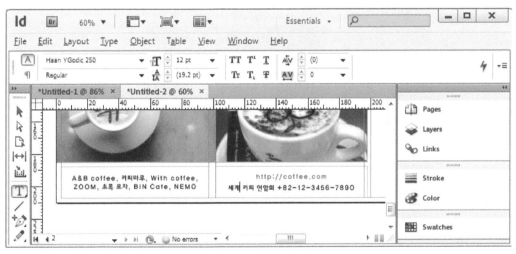

그림 83

06 글머리 기호를 단락스타일로 지정하기

❶ 두 번째 페이지의 오른쪽 단에, Type(문자)도구 T.를 이용해서 텍스트 프레임을 배치하고, 한글 파일에서 〈전시품목〉단락을 복사해서 붙여 넣는다.

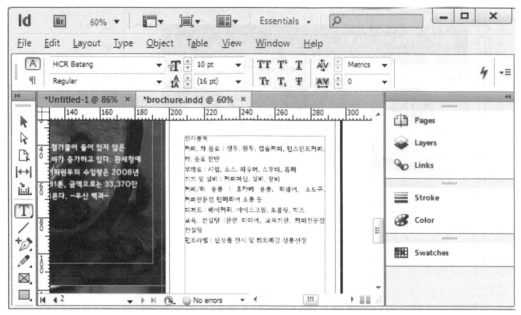

그림 84

❷ 붙여넣기 한 내용 중에서 제목 다음 줄에 커서를 두고 〈Window〉-〈Styles〉-〈Paragraph Style〉메뉴를 선택한다. [Paragraph Style] 패널이 나타나면 아래에서 Create New Style(새 스타일 만들기) [▣] 아이콘 버튼을 누른다.

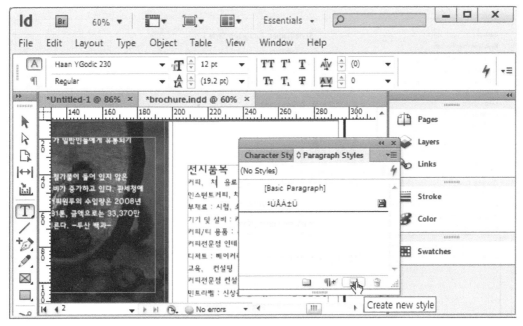

그림 85

❸ 목록에 Paragraph Style 1이 들어오면 더블클릭한다.

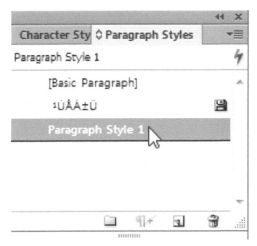

그림 86

❹ [Paragraph Style] 대화상자에서, 왼쪽 메뉴중에 [Bullets and Numbering] 메뉴를 선택하고, 가운데 List Type을 Bullet으로 설정한 다음, 오른쪽 〈Add〉 버튼을 누른다.

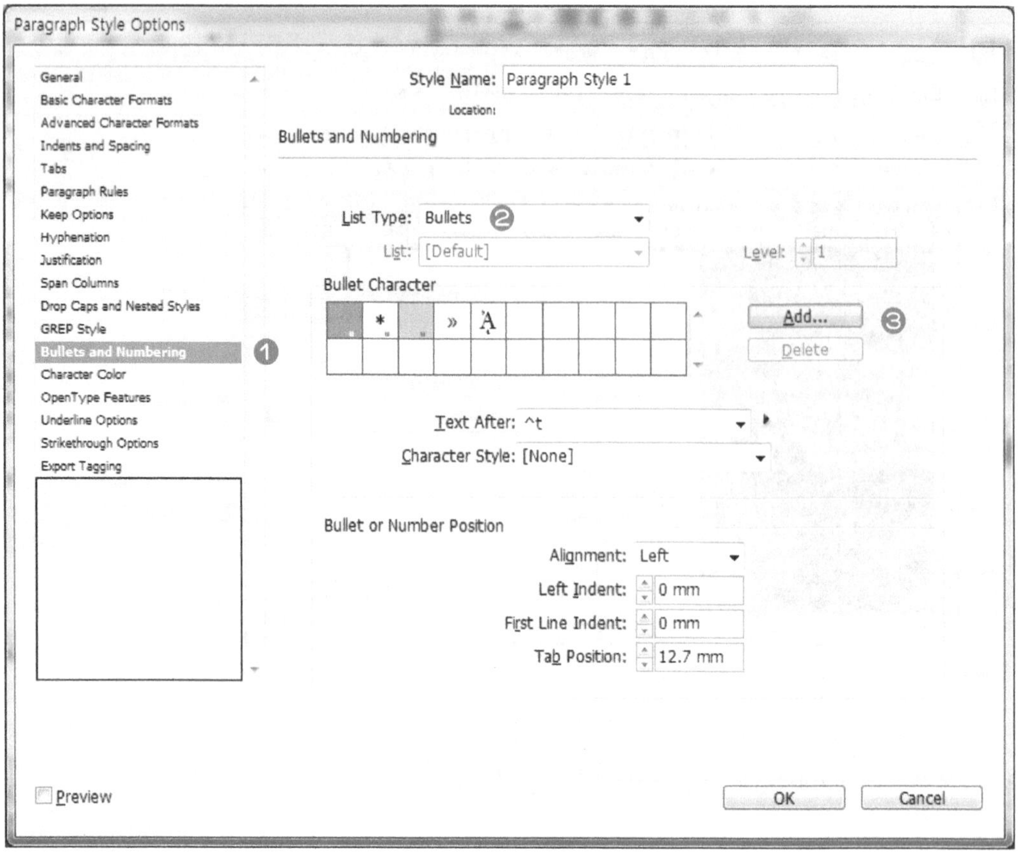

Paragraph Style Options

General
Basic Character Formats
Advanced Character Formats
Indents and Spacing
Tabs
Paragraph Rules
Keep Options
Hyphenation
Justification
Span Columns
Drop Caps and Nested Styles
GREP Style
Bullets and Numbering ❶
Character Color
OpenType Features
Underline Options
Strikethrough Options
Export Tagging

Style Name: Paragraph Style 1
Location:

Bullets and Numbering

List Type: Bullets ❷
List: [Default]   Level: 1

Bullet Character

	*		»	Ä						

Add... ❸
Delete

Text After: ^t
Character Style: [None]

Bullet or Number Position

Alignment: Left
Left Indent: 0 mm
First Line Indent: 0 mm
Tab Position: 12.7 mm

Preview   OK   Cancel

그림 87

⑤ 문자 중에서 글머리 기호로 사용할 심볼을 선택하고 〈Add〉버튼을 누른다. OK한다.

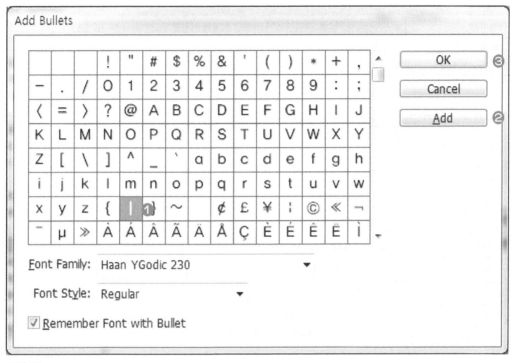

그림 88

❻ 다시, [Paragraph Style] 대화상자에서 다음 옵션을 설정하고 OK 한다.

옵션	설명	설정 값
Text after	글머리기호와 텍스트 사이의 공백	해당 항목에 커서를 두고 Space Bar 를 한번 누른다
Left Indent	왼쪽 들여쓰기	5mm
First Line Indent	첫줄 들여쓰기	−5mm

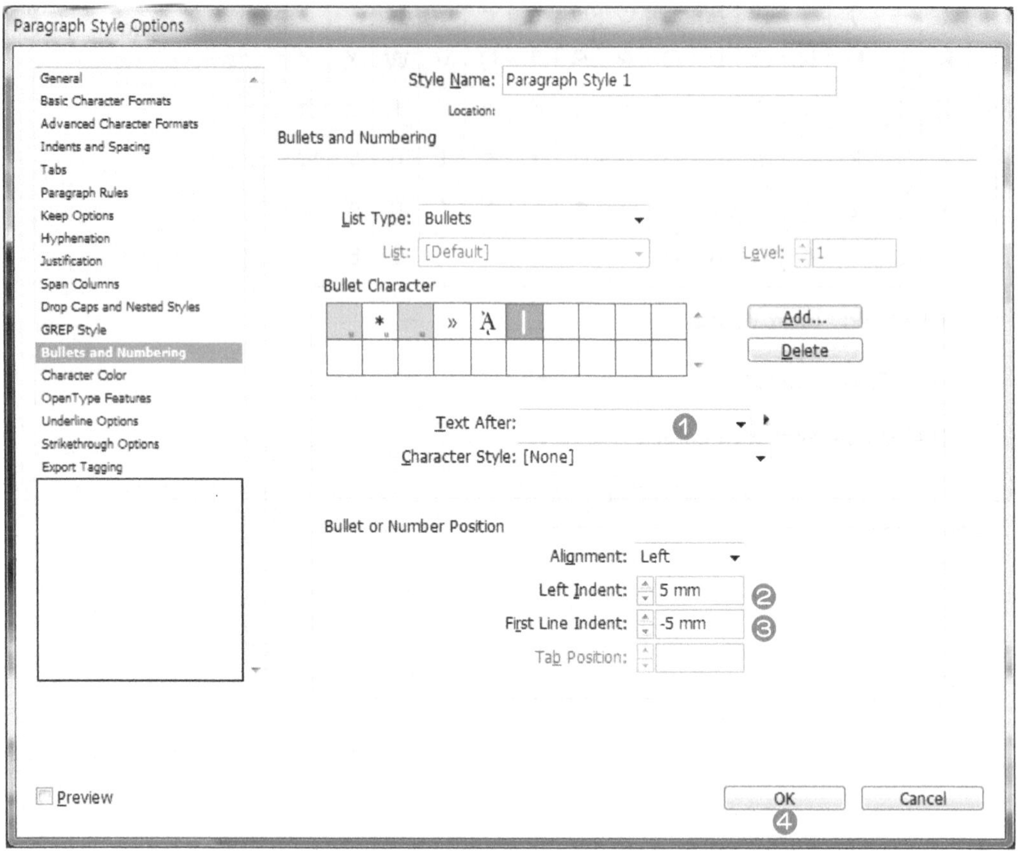

그림 89

❼ 커서가 있었던 줄에는 이미 글머리기호가 적용된다. 그 다음 줄에도 커서를 두고 앞에서 정의한 Paragraph Style 1을 클릭해서 글머리기호를 적용한다.

모든 줄에 적용시킨다.

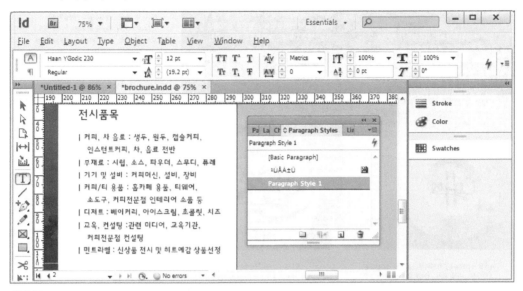

그림 90

❽ 다음은 완성된 양면, 3단 브로셔이다. 두 번째 페이지 상단에는 Line도구를 이용해서 줄을 추가하였다.

그림 91

커피나무 열매(Cherry)속의 씨앗(생두, Green Bean)을 볶고(원두, Coffee Bean), 물을 이용하여 그 성분을 추출하여 만든다. 어원은 아랍어인 카파(Caffa)로서 힘을 뜻하며, 에티오피아의 산악지대에서 기원한 것으로 알려져 있다.

1896년 아관파천으로 고종황제가 러시아 공관에 머물 당시, 초대 러시아 공사였던 웨베르의 처형인 손탁으로부터 커피를 접한 고종은 이후 커피 애호가가 되었다고 전해진다. 이후 1902년에 손탁 호텔(Sontag Hotel) 안에 정동구락부라는 우리나라 최초의 다방이 생겼으며, 한국전쟁을 계기로 미군을 통해

인스턴트 커피가 일반인들에게 유통되기 시작하였다.

최근에는 인공첨가물이 들어 있지 않은 원두커피의 소비가 증가하고 있다. 관세청에 따르면 국내 커피원두의 수입량은 2008년 기준, 약 3,081톤, 금액으로는 33,370만 834달러에 이른다. —두산 백과—

전시품목

| 커피, 차 음료 : 생두, 원두, 캡슐커피, 인스턴트커피, 차, 음료 전반
| 부재료 : 시럽, 소스, 파우더, 스무디, 퓨레
| 기기 및 설비 : 커피머신, 설비, 장비
| 커피/티 용품 : 홈카페 용품, 티웨어, 소도구, 커피전문점 인테리어 소품 등
| 디저트 : 베이커리, 아이스크림, 초콜릿, 치즈
| 교육, 컨설팅 : 관련 미디어, 교육기관, 커피전문점 컨설팅
| 민트러빔 : 신상품 전시 및 히트예감 상품선정

A&B coffee, 커피마루, With coffee, ZOOM, 초록 모자, BIN Cafe, NEMO

http://coffee.com
세계 커피 연합회 +82-12-3456-7890

그림 92

07 하이퍼링크 만들기

PDF파일로 내보내기 전에 인터렉티브한 기능을 페이지에 추가하자.

❶ 먼저, 인터랙티브한 PDF파일을 제작하기 위한 환경으로 변경하기 위해 작업영역을 Interactive for PDF로 설정한다. 오른쪽 패널 목록이 변경된다.

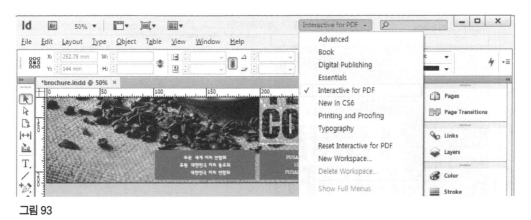

그림 93

❷ 오른쪽 패널에서 Hyperlinks를 선택해서 [Hyperlinks] 패널을 연다.

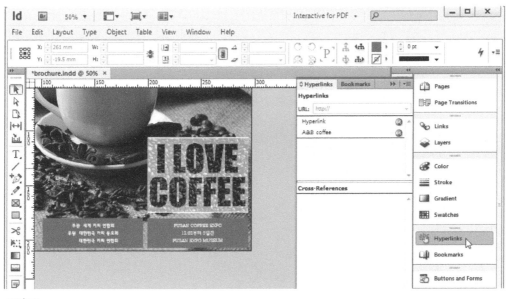

그림 94

❸ 하이퍼링크를 적용할 개체를 페이지에서 선택한다. 여기서는 1 페이지에서 로고 이미지를 선택하였다. 선택한 상태에서 [Hyperlinks] 패널 아래에 있는 Create new Hyperlink 아이콘을 클릭한다.

그림 95

❹ 다음의 [New Hyperlink] 대화상자에서 링크할 URL 주소를 입력하고 OK한다. Shared Hyperlink Destination옵션은 기본적으로 선택되어 있다. 문서 전체에서 같은 URL로 연결할 또 다른 하이퍼링크가 있다면 체크된 상태로 둔다.

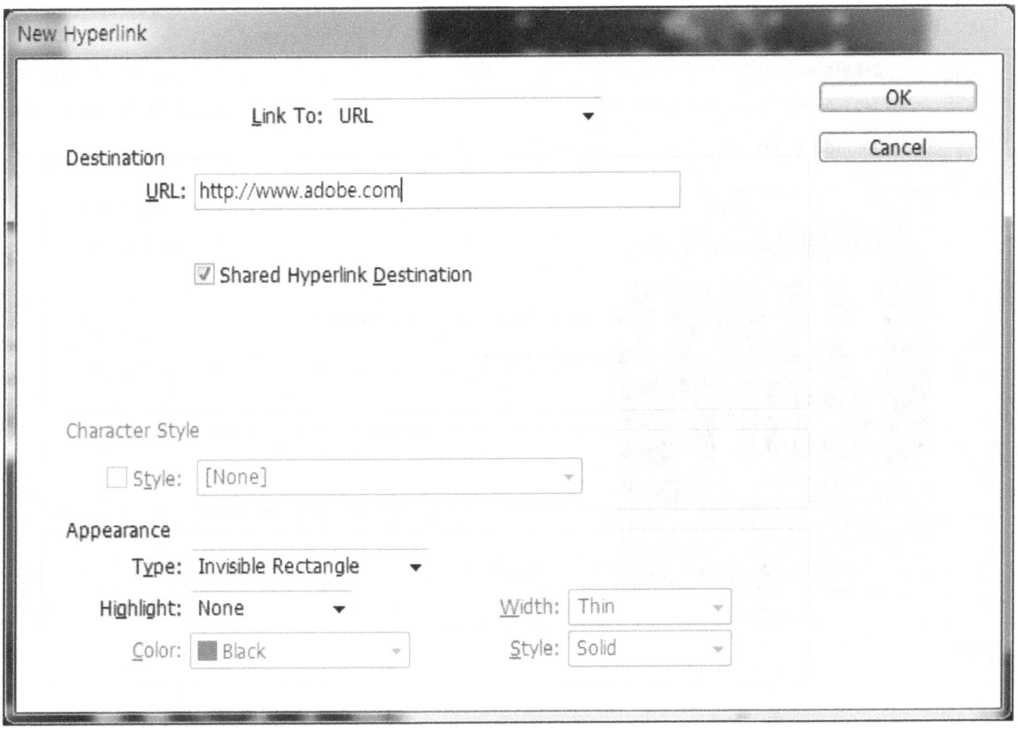

그림 96

⑤ 새로 만든 하이퍼링크의 이름을 변경하기 위해, 새로 만든 하이퍼링크 이름이 선택된 상 태에서 팝업메뉴 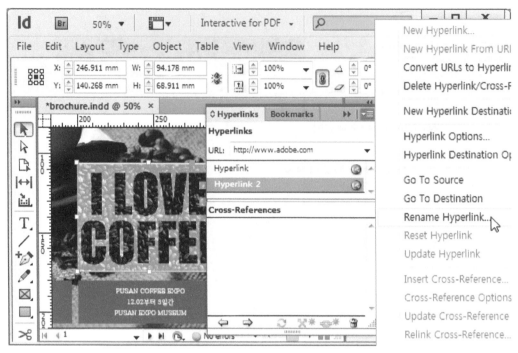버튼을 누르고 나온 메뉴에서 〈Rename Hyperlink〉메뉴를 선택한다.

그림 97

⑥ 하이퍼링크이름을 입력하고 OK한다.

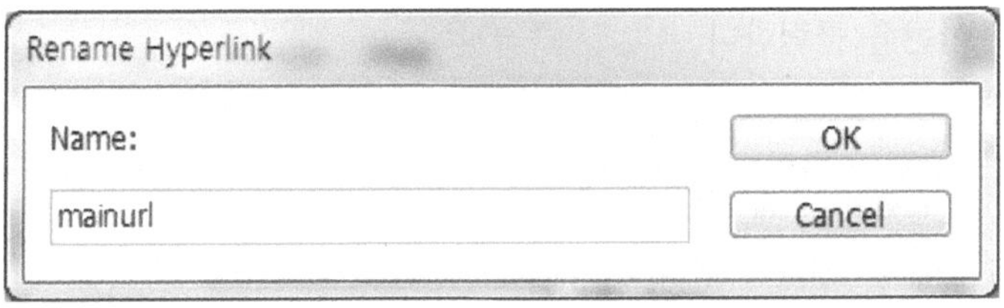

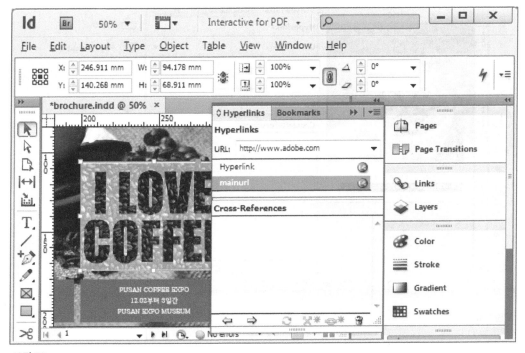

그림 98

그림 99

❽ 앞에서 정의한 하이퍼링크의 동일한 URL로 연결되는 또 다른 하이퍼링크를 만들어 보자. 두 번째 페이지에서 연락처가 입력된 텍스트를 블록 지정하고 [Hyperlinks] 패널 아래에 있는 Create new Hyperlink 아이콘을 클릭한다.

그림 100

❾ 앞에서 만든 하이퍼링크를 공유 할 수 있도록 체크했기 때문에 목록에서 선택할 수 있다.
선택하고 OK한다.

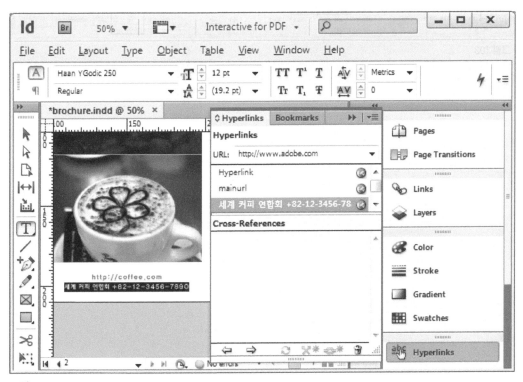

그림 101

그림 102

⑩ 텍스트에 URL이 적혀있으면 기본적으로 하이퍼링크가 만들어진다. 여기서는 하이퍼링크를 삭제해 보자. URL을 블록선택하고 하이퍼링크 목록에 있는 Hyperlink를 끌어다 아래에 있는 Delete selected Hyperlink 아이콘으로 끌어다 놓는다.

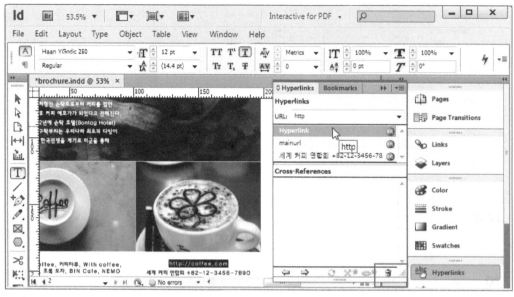

그림 103

08 페이지 이동버튼 만들기

다수의 페이지로 구성된 문서인 경우 페이지 간 이동하는 버튼이 있으면 편하게 읽을 수 있다. 이 기능을 위해서 먼저 페이지에 북마크를 만든다.

❶ 오른쪽 패널 목록에서 Pages를 선택해서 [Pages]패널을 열고 1 페이지를 더블 클릭한다.

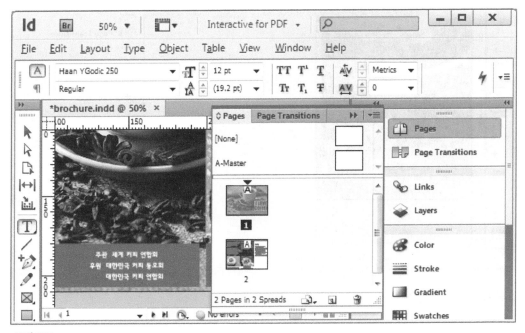

그림 104

❷ 1 페이지가 선택된 상태에서 오른쪽 패널 목록에서 Bookmarks를 선택한다. [Bookmarks] 패널이 열리면 [Bookmarks] 패널 아래에 있는 Create new Bookmark 아이콘을 클릭한다.

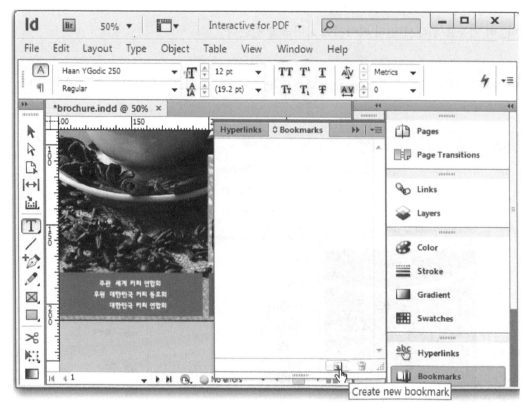

그림 105

❸ 북마크 이름을 입력한다. 여기서는 outside라고 입력하였다.

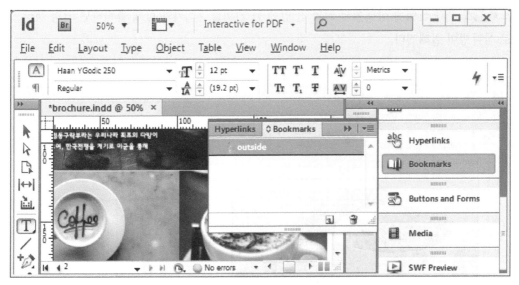

그림 106

❹ Polygon[] 도구를 이용해서 삼각형을 페이지 밖 영역에서 그린다. 삼각형이 만들어지지 않는다면 Polygon[] 도구를 더블 클릭해서 나온 옵션 대화상자에서 면의 수를 3으로 설정하고 그린다.

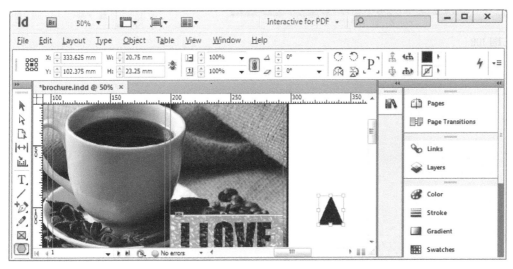

그림 107

❺ 삼각형을 회전 시키고 Eyedropper(스포이드) 도구를 선택한다. Eyedropper(스포이드) 도구가 선택된 상태에서 커피 잔 안에 든 커피를 Alt 키와 함께 클릭하면 커피 색상으로 삼각형이 칠해진다.

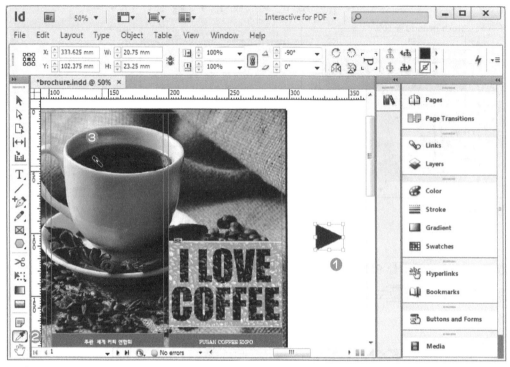

그림 108

⑥ 삼각형을 페이지 안으로 이동하고 크기를 조절한다.

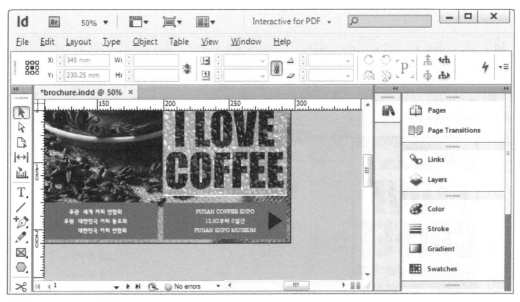

그림 109

⑦ 삼각형을 복사해서 두 번째 페이지에 붙여 넣고, 회전시킨다.

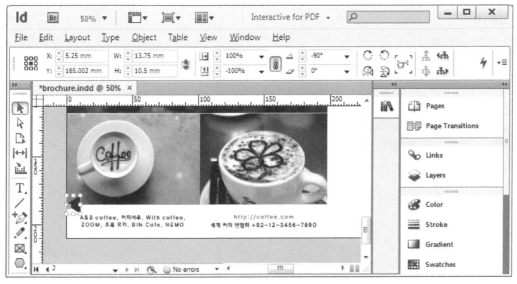

그림 110

❽ 1 페이지에 배치한 삼각형을 선택하고 오른쪽 패널 목록에서 〈Buttons and Forms〉를 선택한다. [Buttons and Forms] 패널이 열린다.

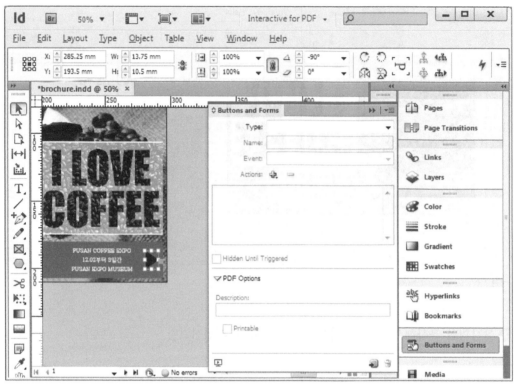

그림 111

❾ [Buttons and Forms] 패널에서 Type은 Button, Event는 On Release or Tab으로 설정하고, Action의 Add new action for selected event(선택한 이벤트에 새 액션 추가) 아이콘을 누른 다음 〈Go To Next Page〉메뉴를 선택한다.

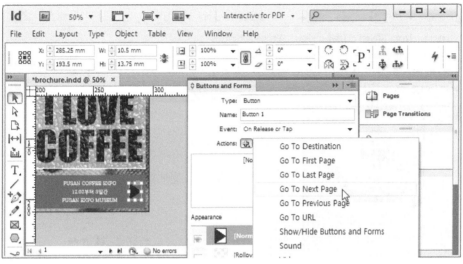

그림 112

❿ 이번에는 앞에서 만든 북마크로 이동하는 방법을 사용한다. 두 번째 페이지에서 삼각형을 선택하고, [Buttons and Forms] 패널에서 Type은 Button, Event는 On Release or Tab으로 설정하고, Action의 Add new action for selected event(선택한 이벤트에 새 액션 추가) 아이콘을 누른 다음 〈Go To Destination〉메뉴를 선택한다.

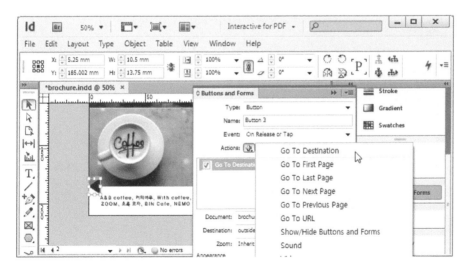

그림 113

⓫ 문서 안에 북마크가 여러 개 있다면 Destination목록에서 선택해야한다. 앞에서 정의한 북마크가 지정되었는지 확인한다.

그림 114

09 인터랙티브한 PDF파일로 내보내기

❶ 〈File〉-〈Export〉메뉴를 선택한다. 다음 Export 대화상자에서 파일 형식을 Adobe PDF(Interactive)로 변경하고 파일명을 입력한 다음 저장한다.

그림 115

❷ 다음의 [Export to Interactive PDF] 대화상자에서 Pages를 선택하고 OK한다. Forms and Media 옵션에서 Include All이 선택되어 있어야만 인터렉티브 기능이 포함된다.

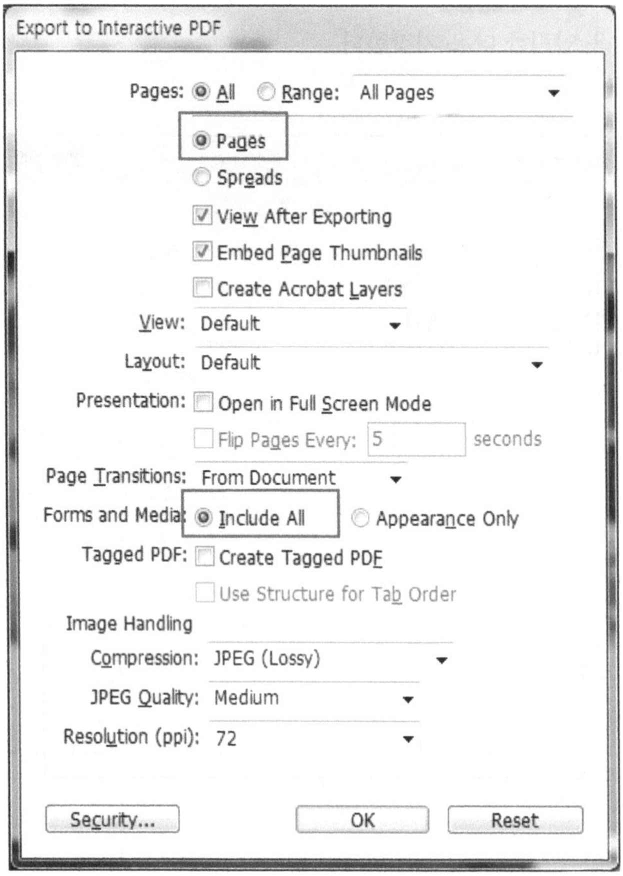

그림 116

❸ PDF 문서가 열린다. 각 버튼과 하이퍼링크를 테스트해본다.

그림 117

그림 118

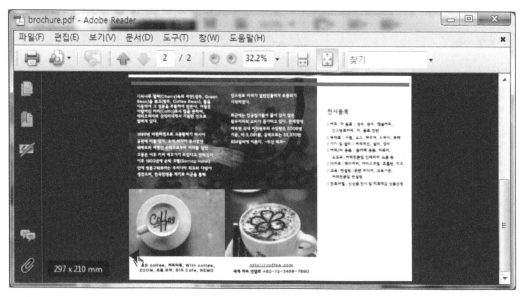

그림 119

실 ᐧ 습 ᐧ 예 ᐧ 제 ②

반복되는 문자 스타일을 각각 정의한 다음, 적용해서 다음의 목차 페이지를 만든다.

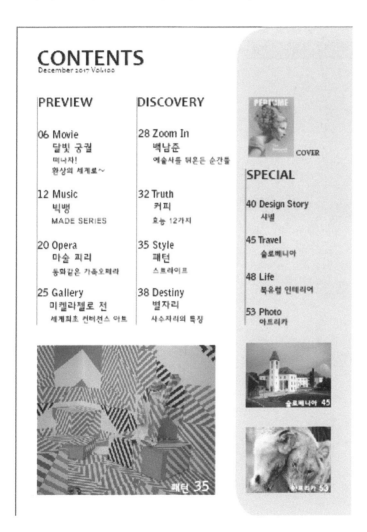

그림 120

Hint

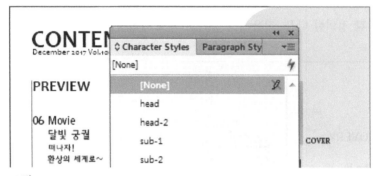

그림 121

책을 만들면서 페이지 제어 기능 배우기

학습내용

- 글자 회전하기
- 글자에 배경 이미지 보여주기
- 단락 시작 표시 문자 설정하기
- 마스터 페이지 디자인하기
- 마스터 페이지 적용을 취소하기
- 마스터 페이지 적용하기
- 마스터 페이지의 내용을 일반 페이지에서 변경하기
- 마스터페이지 이름 변경하기
- 문자에 그림자 효과주기
- 선의 시작과 끝 형태 변경하기

- 일반 페이지를 마스터페이지로 저장하기
- 적용한 마스터 페이지 변경하기
- 패스에 문자 입력한 다음 효과 주기
- 페이지 번호 형태 변경하기
- 페이지 사이즈 변경하기
- 페이지 시작번호 설정하기
- 페이지 추가/삭제/복사하기
- 페이지에 페이지 번호 넣기
- 펜 도구 이용하기
- Booklet형태로 인쇄하기

포토앨범 만들기

01 새문서 만들기

❶ 〈File〉-〈New〉-〈Document〉메뉴를 선택한다.

❷ [New Document] 대화상자에서 다음과 같이 설정한다.

Number of Pages(페이지 수)를 10으로 설정하고 소책자를 만들 것이므로 Facing Pages 는 체크한 상태로 둔다.

A4사이즈를 가로방향으로 했을 때 반 사이즈를 한 페이지 사이즈로 정한다.

Page Size는 목록에서 Custom을 선택하면 [Custom Page Size] 대화상자가 나타난다. 대화 상자에서 페이지 크기를 입력하고 지금 설정한 페이지 크기의 이름을 입력한 다음 OK한다.

여기서는 A4사이즈가 297*210mm이므로 페이지 사이즈를 148.5*210mm로 지정하였고 이름 은 mybook으로 지정하였다.

Margins(여백)은 모두 3mm로 설정하고 OK한다.

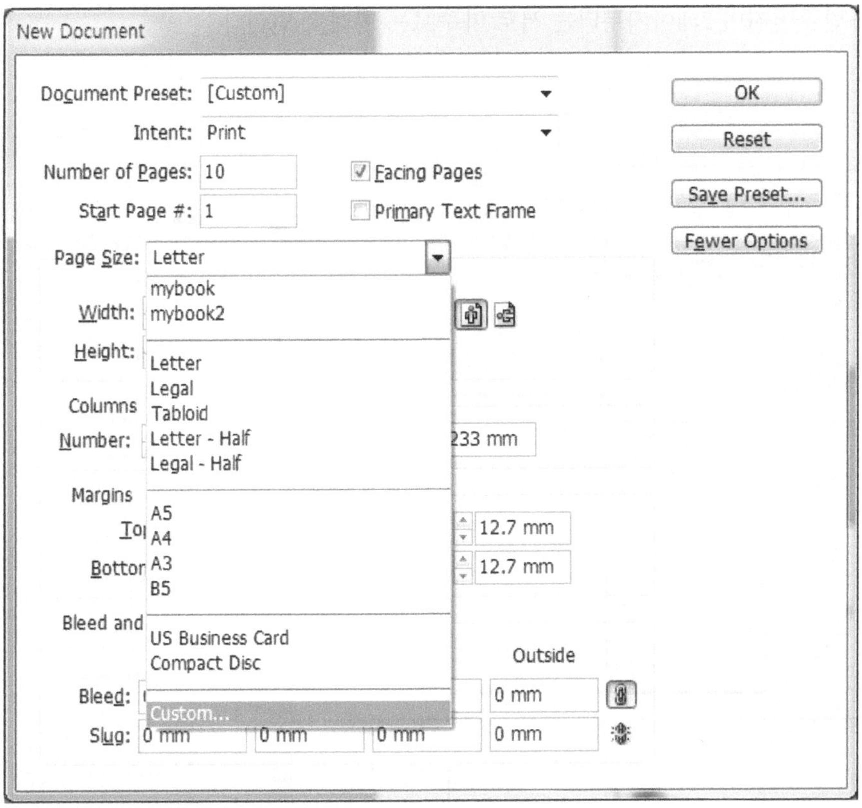
New Document
Document Preset: [Custom]
Intent: Print
Number of Pages: 10
Facing Pages
Start Page #: 1
Primary Text Frame
Page Size: Letter
mybook
mybook2
Letter
Legal
Tabloid
Letter - Half
Legal - Half
A5
A4
A3
B5
US Business Card
Compact Disc
Custom...
Width:
Height:
Columns
Number:
Margins
Bleed and
Bleed:
Slug:
Outside
233 mm
12.7 mm
12.7 mm
0 mm
0 mm
0 mm
0 mm
0 mm
OK
Reset
Save Preset...
Fewer Options

그림 1

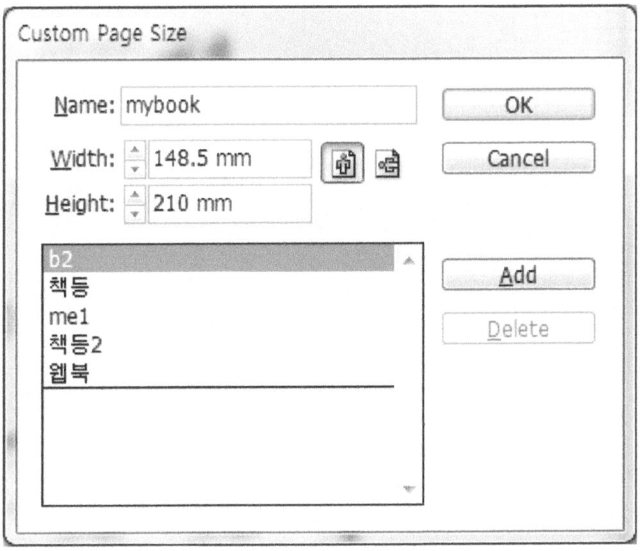
Custom Page Size
Name: mybook
Width: 148.5 mm
Height: 210 mm
b2
책등
me1
책등2
웹북
OK
Cancel
Add
Delete

그림 2

❸ 10 페이지가 만들어지며 2페이지부터는 서로 마주보는 형태로 열린다.

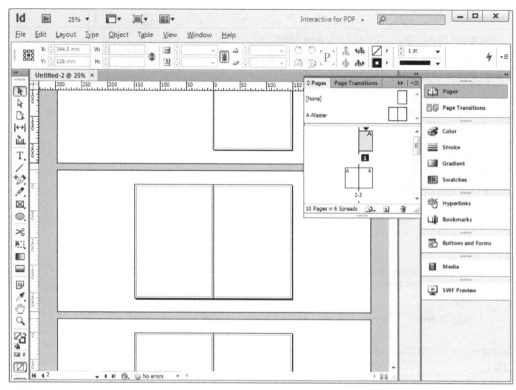

그림 3

02 마스터페이지에 페이지 번호 입력하기

마스터페이지는 모든 페이지에 공통으로 들어갈 내용을 제어하는 역할을 한다. 즉, 모든 페이지에 공통으로 들어가는 배경 역할을 한다고 볼 수 있다. 문서 페이지에 나타나는 마스터 항목은 점선 테두리로 둘러싸여 보여 지며, 마스터페이지의 변경 내용은 마스터에 연결된 페이지에 자동으로 적용된다. 일반적으로 마스터에는 반복되는 로고, 페이지 번호, 머리글, 바닥글이 포함되며, 내부 문서 페이지에서 자리표시자 역할을 하는 빈 텍스트나 그래픽 프레임이 포함될 수도 있다. 마스터페이지의 항목은 기본적으로 문서 페이지에서 선택할 수 없다.

❶ 화면 오른쪽 패널 목록에서 [Pages]를 선택해서 [Pages]패널을 연다.
❷ [Pages]패널에서 A-master의 오른쪽 페이지를 선택한다.

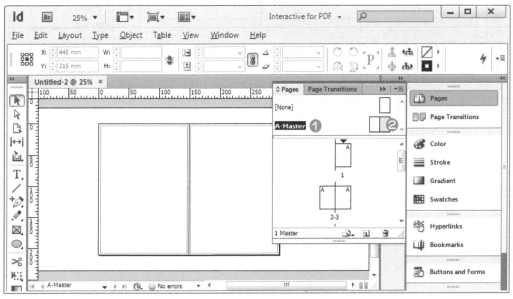

그림 4

❸ Type(문자) T. 도구를 선택하고 마스터 오른쪽 페이지 아래영역에서 페이지 번호가 들어갈 위치에 드래그해서 자리를 잡는다.

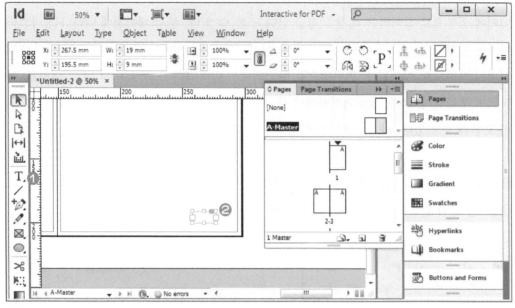

그림 5

❹ 자리잡은 텍스트 프레임 안에서 클릭한 다음, 〈Type〉-〈Insert Special Character〉-〈Markers〉-〈Current Page Number〉 메뉴를 선택한다.

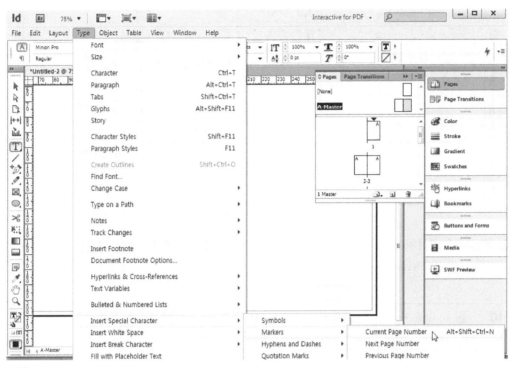

그림 6

❺ 텍스트 프레임 안에 A라는 글자가 나타난다. 이 텍스트 프레임을 선택하고 Alt + Shift 키를 누른 상태에서 텍스트 프레임을 완쪽 마스터 페이지에 드래그해서 놓는다.

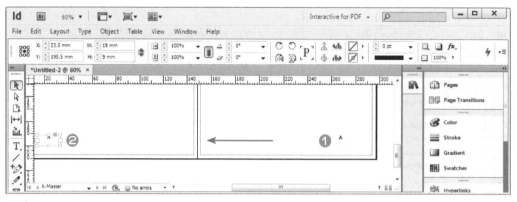

그림 7

❻ 페이지에 페이지 번호가 들어와 있는지 확인한다. 마스터페이지에서 디자인한 개체들은 다른 페이지에서 선택할 수 없다.

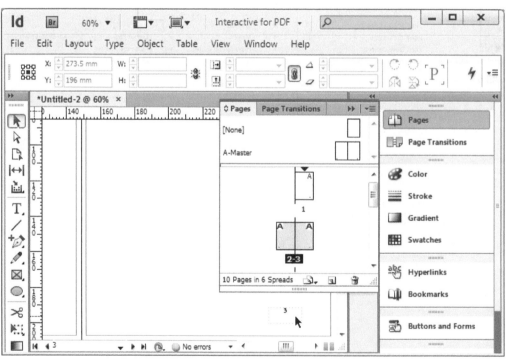

그림 8

03 마스터 페이지에서 배경 만들기

❶ [Pages]패널에서 A-Master의 오른쪽 페이지를 선택하고 Rectangle Frame(사각 프레임)⊠.도구를 이용해서 페이지 전체 크기만큼 사각 프레임의 자리를 잡는다.

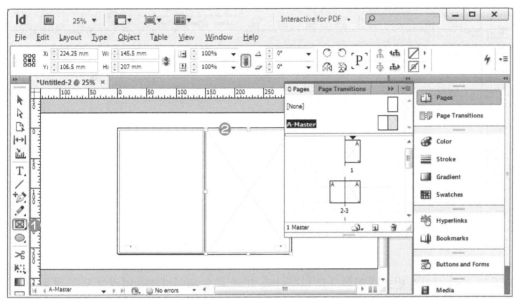

그림 9

❷ 〈File〉-〈Place〉메뉴를 선택하고 배경으로 사용할 이미지 파일을 선택한다.

❸ 앞 단계에서 만든 페이지 번호를 앞으로 가져오기 위해, 이미지를 포함하는 사각 프레임을 선택한 상태에서 마우스 오른쪽 버튼을 누른 다음, 〈Arrange〉-〈Send to Back〉메뉴를 선택한다.

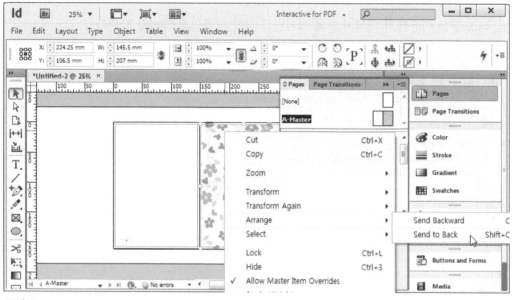

그림 10

다음과 같이 페이지 번호가 앞쪽으로 나타난다. 또한 홀수 페이지들의 배경이 모두 적용된다.

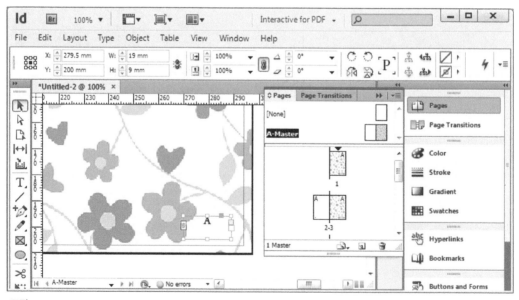

그림 11

❹ 마스터 왼쪽 페이지에서도 동일한 방법으로 배경을 디자인한다. 페이지 번호도 앞으로 나오게 한다.

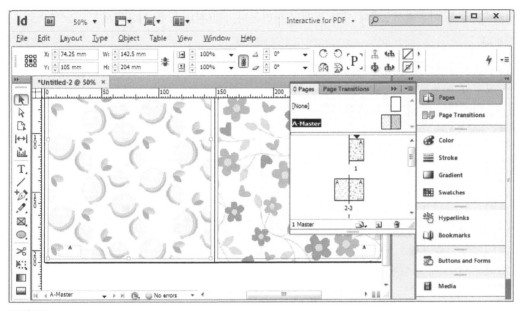

그림 12

04 마스터 페이지에서 개체 자리잡기

❶ [Pages]패널에서 A-Master의 오른쪽 페이지를 선택하고 Rectangle Frame(사각 프레임)⊠도구를 이용해서 2개의 사각 프레임을 만든다. Fill(칠)도구를 이용해서 Paper색으로 설정한다.

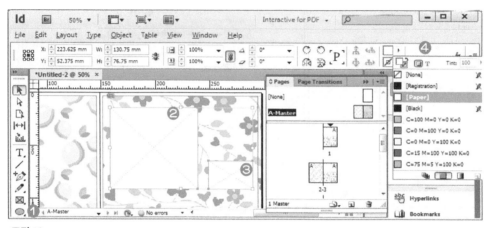

그림 13

❷ 배치한 텍스트 프레임을 선택하고 Alt + Shift 키를 누른 상태에서 페이지 아래영역으로 드래그해서 각각 복사한다.

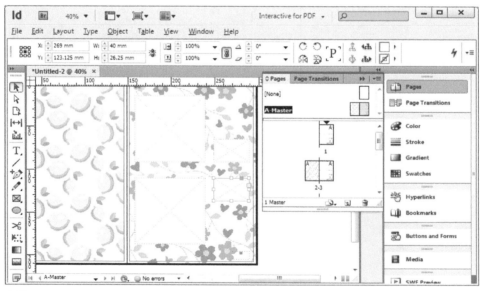

그림 14

❸ 마스터 왼쪽 페이지에, 다음과 같은 레이아웃이 되도록 앞 단계와 같은 방법으로 드래그해서 복사한다.

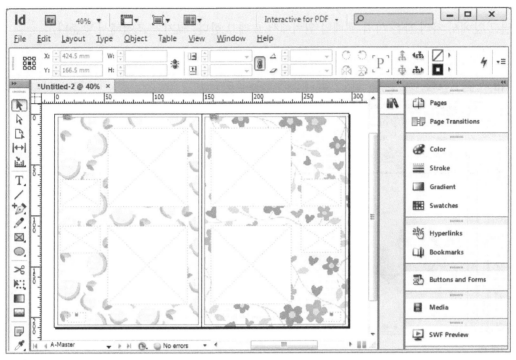

그림 15

05 각 페이지에서 디자인하기

❶ [Pages]패널에서 1페이지를 선택하고, 〈File〉-〈Place〉메뉴를 선택한 다음, 사진 이미지를 열고 앞에서 자리 잡은 사각 프레임 위치에서 드래그 한다. 크기를 조절해서 맞춘다.

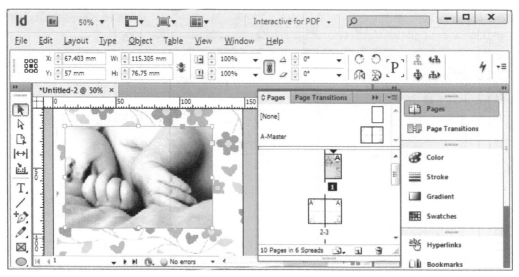

그림 16

잠깐만!!

마스터페이지에서 사각 프레임의 칠 색상을 지정하지 않은 경우, 일반 페이지에서 마스터페이지에서 디자인한 사각 프레임 윤곽이 보이지 않을 수도 있다. 이 경우에는, 〈View〉-〈Extras〉-〈Show Frame Edges〉메뉴를 선택한다.

❷ Type(문자)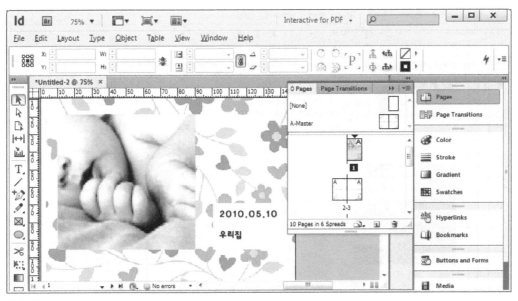도구를 선택하고 사진 옆에 자리 잡은 사각 프레임 위치에서 클릭하고 글
자를 입력한다. 글꼴과 글자 크기를 조정한다.

그림 17

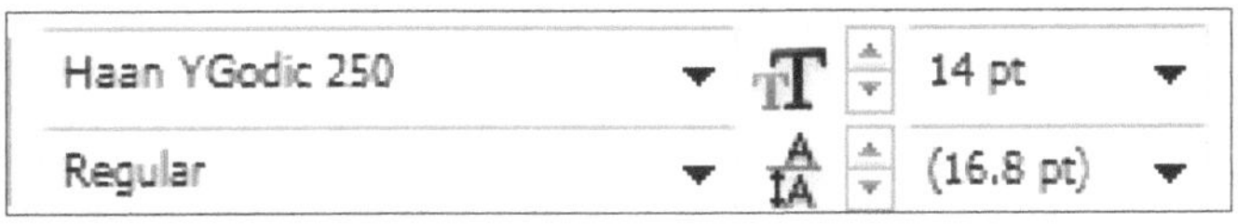

그림 18

❸ 나머지 영역에도 사진을 배치하고 텍스트를 입력한다.

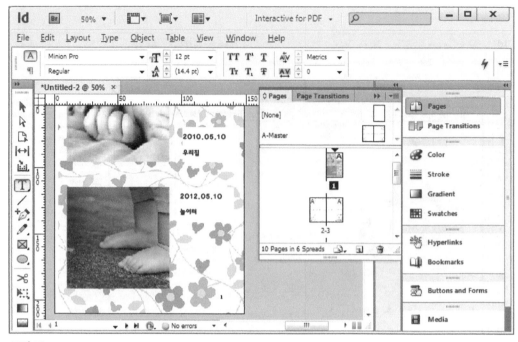

그림 19

06 일반 페이지에서 마스터 페이지의 개체를 변경하기

기본적으로는 마스터 페이지에서 디자인한 개체들은 일반 페이지에서 선택할 수 없다. 그러나 일반 페이지에서 마스터 페이지에서 디자인한 개체를 선택하고 수정할 수 있도록 할 수 있다.

❶ [Pages]패널에서 3페이지를 선택하고, 그 위에서 마우스 오른쪽 버튼을 누른 다음, ⟨Override All Master Page⟩메뉴를 선택한다.

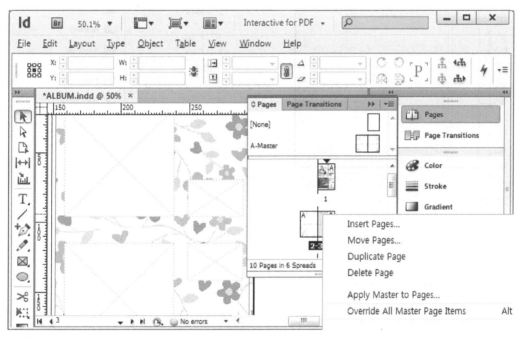

그림 20

❷ 다음과 같이 마스터에서 디자인한 개체가 선택이 되고 수정이 가능해진다. 원하는 크기로
조정하고 필요 없는 프레임은 삭제한다.

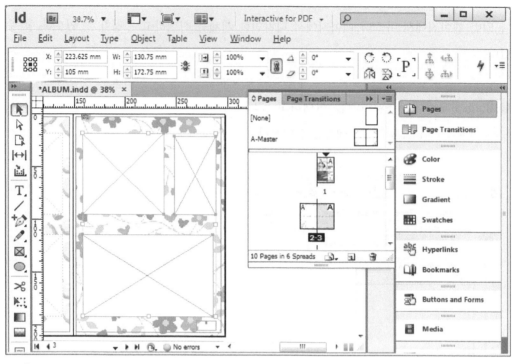

그림 21

❸ 사진이 들어갈 프레임을 각각 선택하고, ⟨File⟩–⟨Place⟩메뉴를 선택해서 사진 이미지를 불러온다. 그리고 텍스트가 들어갈 사각 프레임을 선택하고 오른쪽 마우스 버튼을 누른다음, ⟨Content⟩–⟨Text⟩메뉴를 선택한다.

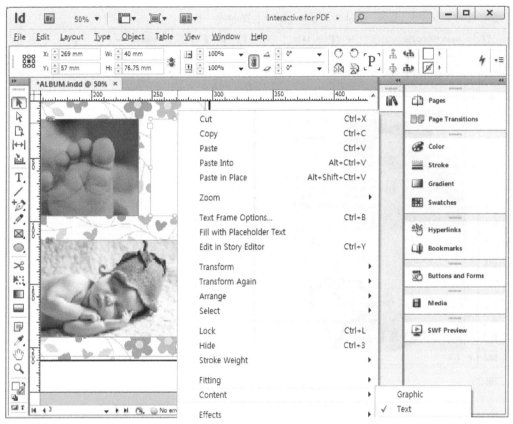

그림 22

❹ 텍스트를 입력할 사각 프레임 안에서 클릭하고 텍스트를 입력한다. 글꼴과 글자 크기를 조절한다.

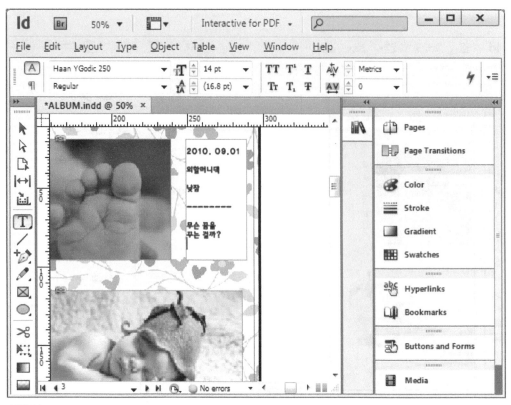

그림 23

07 마스터 페이지 적용하지 않기

특정 페이지에서 마스터페이지를 적용하지 않는 방법을 알아본다.

❶ [Pages]패널에서 10페이지를 선택하고, 그 위에서 마우스 오른쪽 버튼을 누른 다음, 〈Apply Master to Pages〉메뉴를 선택한다.

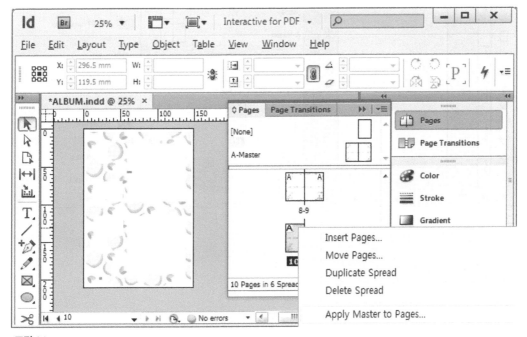

그림 24

❷ 다음 [Apply Master] 대화상자가 열리면, Apply Master 항목에서 [None]을 선택하고 OK 한다.

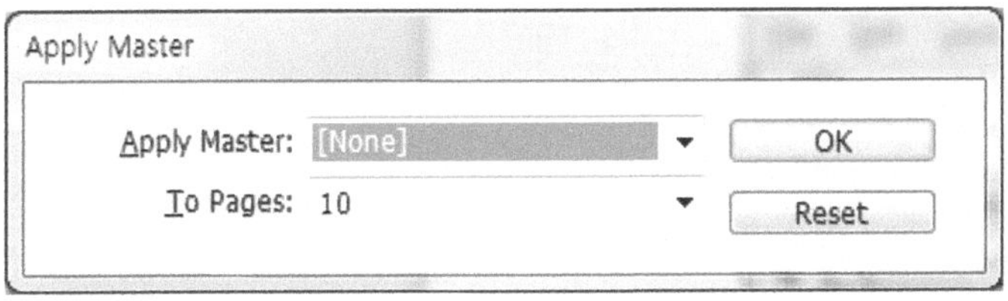

그림 25

다음과 같이, 마스터 페이지의 내용이 적용되지 않게 된다.

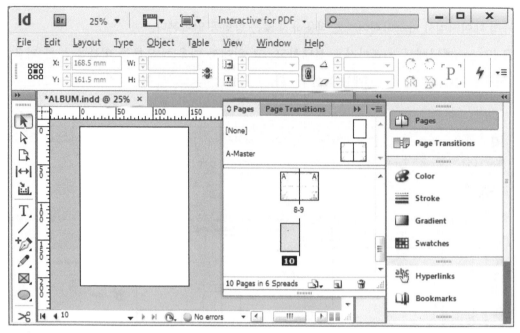

그림 26

08 일반 페이지를 마스터 페이지로 저장하기

특정 페이지를 마스터페이지로 만드는 방법을 알아본다.

❶ [Pages]패널에서 10페이지를 선택하고, Rectangle Frame(사각 프레임)⊠도구를 이용해
서 다음과 같이 디자인한다.

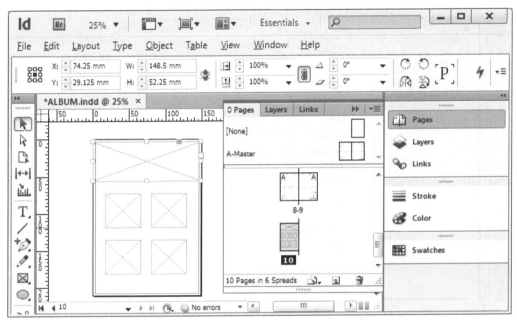

그림 27

❷ 맨 위의 사각 프레임을 선택한 다음, 〈File〉-〈Place〉메뉴를 선택하고 이미지를 가져온다. 이미지가 배치된 프레임이 선택된 상태에서 마우스 오른쪽 버튼을 누른 다음, 나온 메뉴에서 〈Fitting〉-〈Fit Content to Frame〉메뉴를 선택한다.

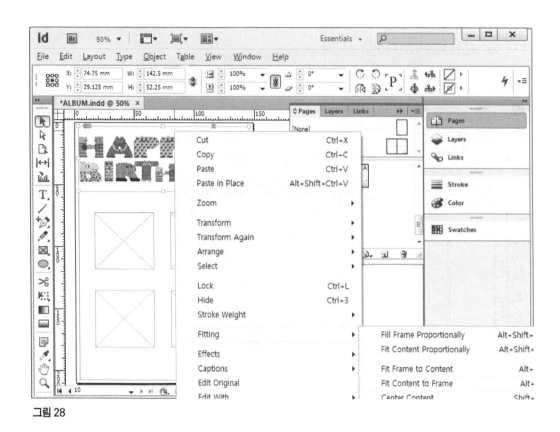

그림 28

❸ 10페이지가 선택된 상태에서 [Pages]패널에서 팝업버튼▤을 누른 다음, 메뉴에서 〈Master Pages〉-〈Save as Master〉메뉴를 선택한다.

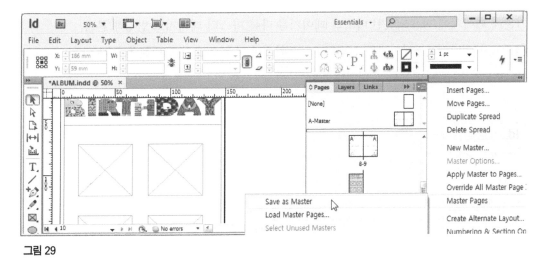

그림 29

❹ [Pages] 패널에서, B-Master 이름의 새로운 마스터 페이지가 만들어지는 것을 확인할 수 있다.

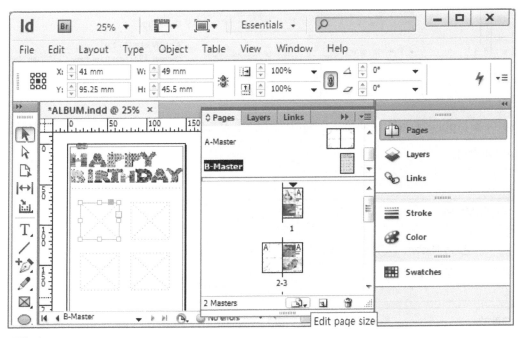

그림 30

09 마스터 페이지 변경하기

기존에 페이지에 적용되었던 마스터 페이지를 다른 마스터 페이지로 변경해 본다.

❶ [Pages]패널에서 6페이지를 선택하고, 그 위에서 마우스 오른쪽 버튼을 누른 다음,〈Apply Master to Pages〉메뉴를 선택한다.

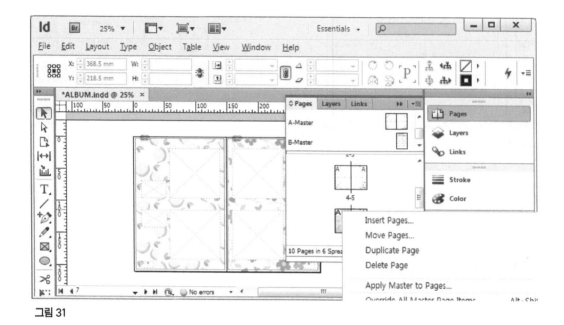

그림 31

❷ 다음 [Apply Master] 대화상자가 열리면, Apply Master 항목에서 [B-Master]를 선택하고 OK한다.

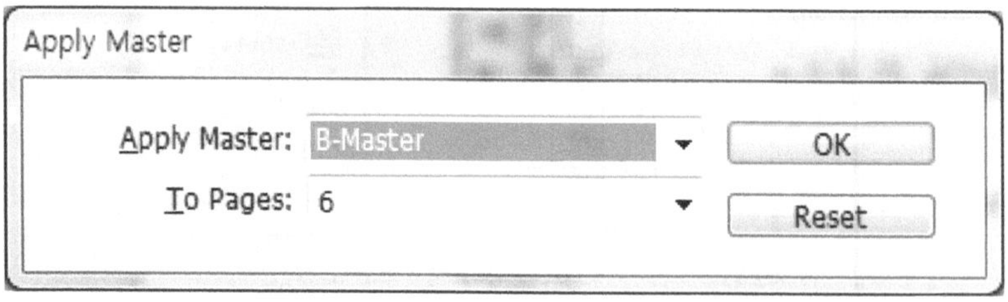

그림 32

다음과 같이, 마스터 페이지가 변경되어 적용된다.

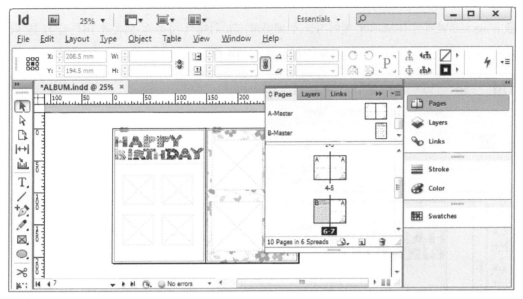

그림 33

10 마스터 페이지 이름 변경하기

❶ [Pages]패널에서 B-Master 페이지를 선택하고, 그 위에서 마우스 오른쪽 버튼을 누른 다음, 〈Master Options for "B-Master"〉메뉴를 선택한다.

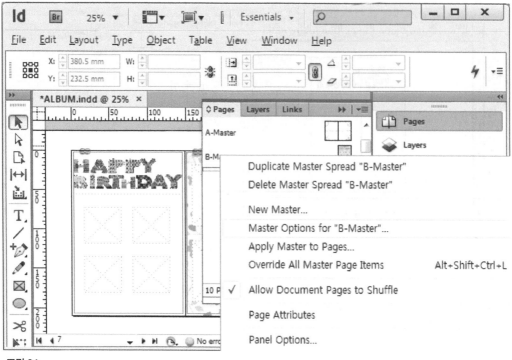

그림 34

❷ 마스터 페이지 이름을 입력하고 OK한다.

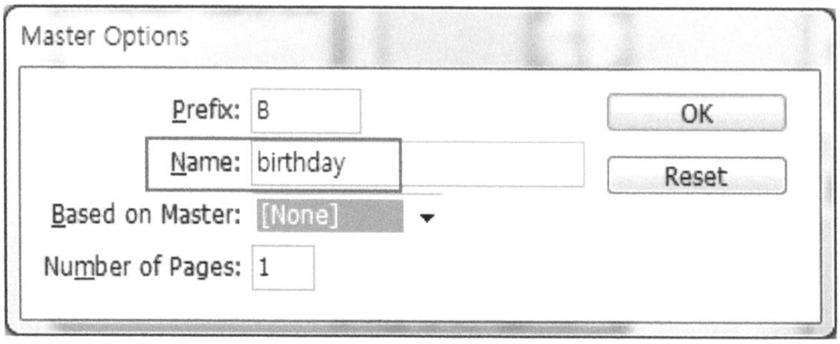

그림 35

마스터페이지의 이름이 변경된다.

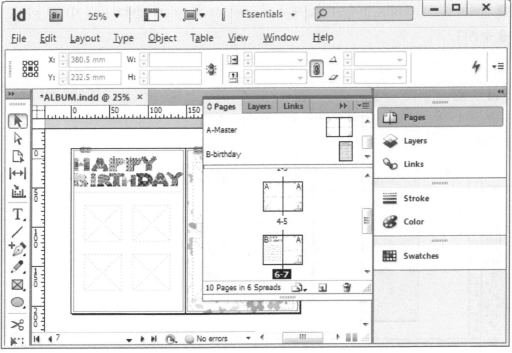

그림 36

11 페이지 추가/삭제/복사하기

❶ 페이지를 추가하려면, [Pages] 패널에서 Create new Page(새 페이지 만들기) 아이콘
을 누른다.

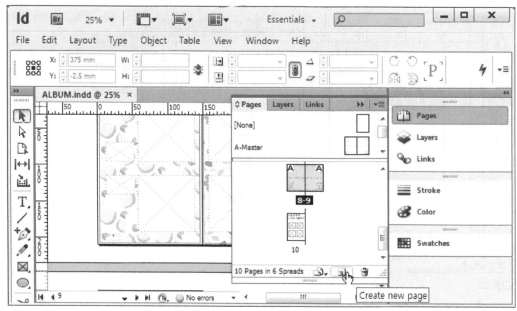

그림 37

❷ 다음과 같이, Create new Page(새 페이지 만들기) 🔲 아이콘을 누르기 전에 선택한 페이지 다음에 새로운 페이지가 추가된다. 여기서는 앞 단계에서 8-9페이지가 선택된 상태에서 Create new Page(새 페이지 만들기) 🔲 아이콘을 눌렀기 때문에 9페이지와 기존의 10페이지 사이에 새로운 페이지가 추가되었다.

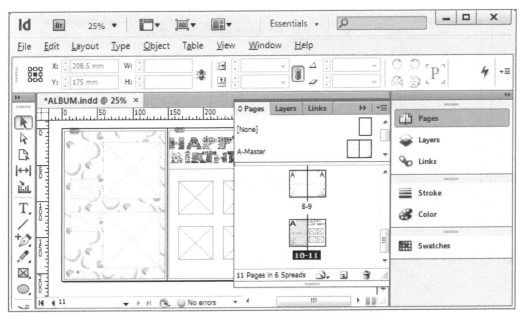

그림 38

 잠깐만!!

페이지 순서를 변경하려면 [Pages] 패널에서 페이지를 선택하고 원하는 위치로 드래그하면 된다.

❸ 페이지를 삭제하려면, [Pages] 패널에서 삭제하려는 페이지를 선택하고 Delete selected pages(선택한 페이지 삭제) 🗑 아이콘을 누른다.

그림 39

❹ 페이지를 복사하면서 추가하려면, [Pages] 패널에서 복사하려는 페이지를 선택하고 Create new Page(새 페이지 만들기) 🗔 아이콘으로 끌어다 놓는다.

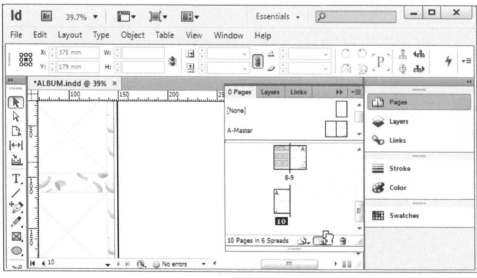

그림 40

12 겉표지 만들기

겉표지를 위해 새로운 문서를 만든다.

❶ 〈File〉-〈New〉-〈Document〉 메뉴를 선택한다.

❷ [New Document] 대화상자에서 다음과 같이 설정한다.

Number of Pages(페이지 수)를 3으로 설정하고 Facing Pages는 체크된 상태로 둔다.

Page Size는 목록에서 앞 단계에서 저장했던 페이지 이름을 지정하고 Margins(여백)은 모두 0mm로 설정한 다음, OK한다.

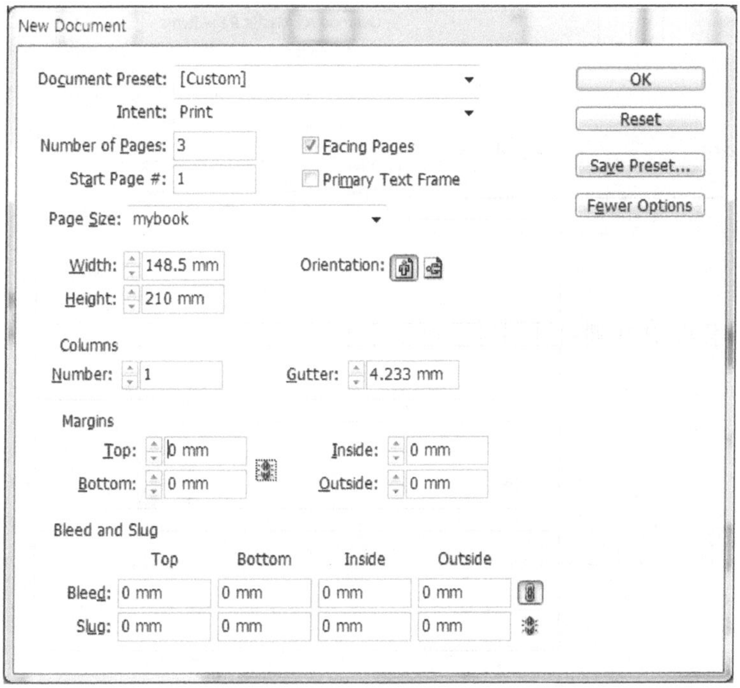

그림 41

❸ [Pages] 패널 상단 오른쪽의 팝업메뉴 아이콘을 누른 다음, 〈Allow Document Pages to shuffle〉(문서 페이지 재편성 허용)메뉴를 선택한다.

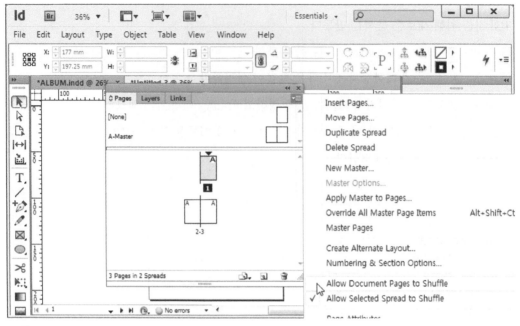

그림 42

❹ 페이지를 드래그해서 다음과 같이 페이지 위치를 이동시킨다.

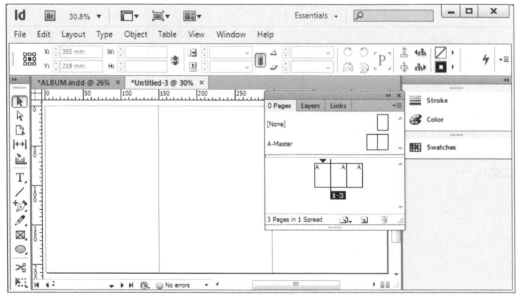

그림 43

13 페이지 크기 변경하기

❶ [Pages] 패널에서, 아래의 Edit page size 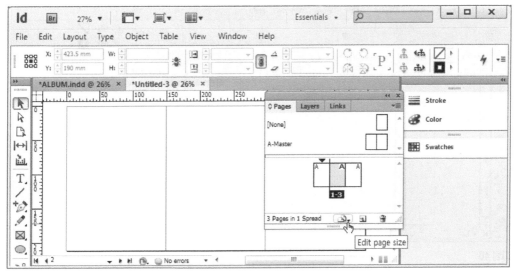 아이콘을 클릭한다.

그림 44

❷ 메뉴에서 〈Custom〉메뉴를 선택하고, 다음 [Custom Page Size] 대화 상자에서 이름과
Width(너비)를 설정하고 Add버튼을 누른 다음 OK한다.

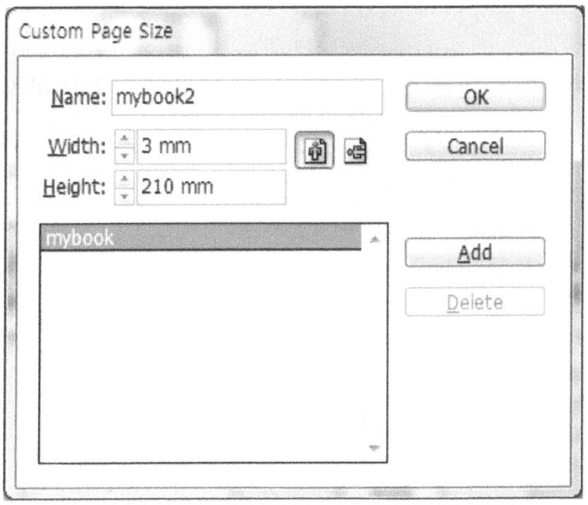

그림 45

❸ [Pages] 패널에서, 가운데 페이지(2페이지)를 선택하고, 아래의 Edit page size 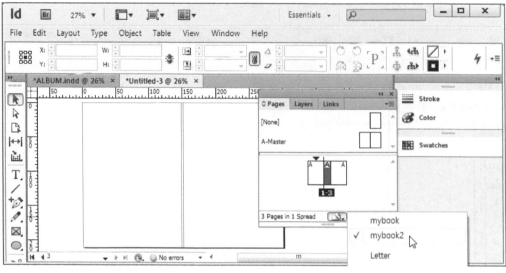아이콘을 클릭한다음, 메뉴에서 앞 단계에서 추가한 페이지 사이즈 이름(mybook2)을 선택한다.

그림 46

 잠깐만!!

가운데 페이지는 책표지에서 책등 역할을 하는 부분이다. 만들어지는 책 두께에 따라서 이 페이지의 너비를 설정하면 된다.

❹ 다음은 간단하게 디자인한 책표지이다.

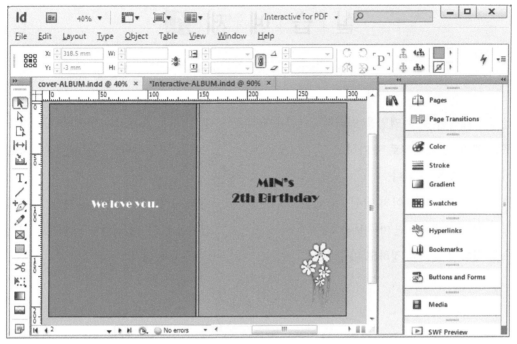

그림 47

실 ㅣ 습 ㅣ 예 ㅣ 제 1

앞에서 제작한 포토 앨범을 인터랙티브한 PDF로 내보내기 위해, 책표지와 마지막 페이지를
포토 앨범 문서 앞뒤로 추가하고 각 페이지마다 이동 버튼을 만들어서 다음/이전 페이지로
이동할 수 있도록 한다.

PDF로 내보낼 때 페이지 단위를 선택한다면 이동 버튼은 페이지마다 있어야 하지만, 스프레
드 단위를 선택한다면 마주보는 페이지 단위로 버튼이 있어야 한다. 여기서는 스프레드 형식
으로 내보낼 것으로 정하고 마주 보는 페이지 단위로 버튼을 만든다.

 Hint

이동 버튼을 마스터페이지에서 만든다.
추가한 첫 페이지와 마지막 페이지에는 마스터페이지를 적용하지 않는다.

1~2페이지

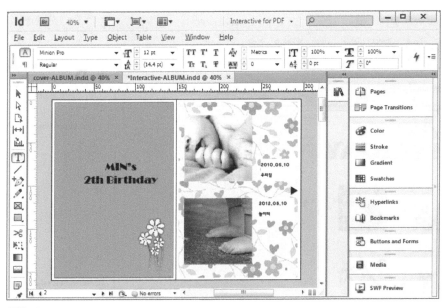

그림 48

중간페이지

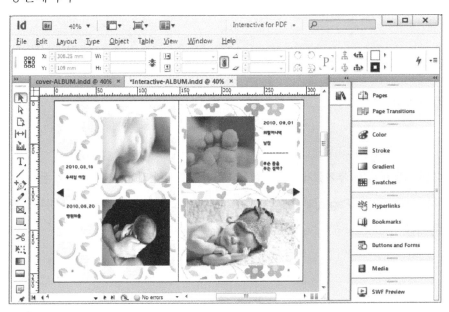

그림 49

마지막 2 페이지

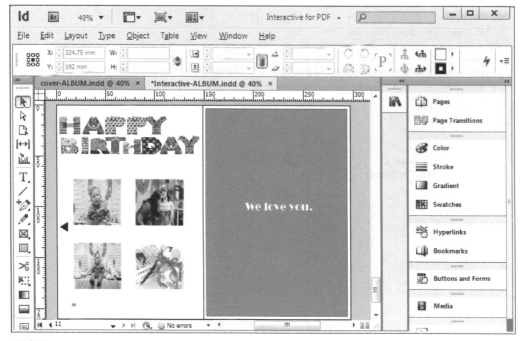

그림 50

 잠깐만!!

표지를 위해 새 페이지를 맨 앞에 추가했기 때문에 실질적인 첫 페이지의 페이지 번호가 2 가 된다. 이 페이지를 1 페이지로 시작하려면 [Pages]패널에서 1 페이지로 시작하려는 페이지를 선택하고 마우스 오른쪽 버튼을 누른 다음, 〈Numbering & Section Options〉메뉴를 선택한다.

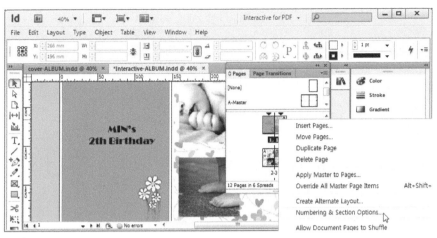

그림 51

그리고, 다음의 대화상자에서 페이지 번호를 1로 설정하고 OK한다.

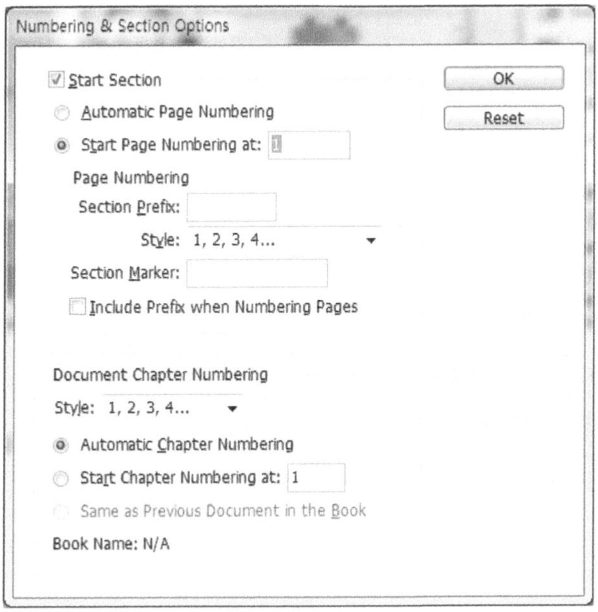

그림 52

중철 제본용 소책자 만들기

몇 장 안 되는 카탈로그나 브로셔인 경우, 출력된 용지를 반으로 접어서 접혀진 곳에 스태플러를 찍는 중철 제본으로 제작하는 경우가 많이 있다.

이런 중철 제본용 소책자를 만들어 본다.

중철 제본의 경우, 출력용지 한 장에 앞뒤로 모두 4페이지가 들어가기 때문에 전체 페이지 수를 4의 배수로 해야 한다.

01 새 문서 만들기

❶ 〈File〉-〈New〉-〈Document〉메뉴를 선택한다.
❷ [New Document] 대화상자에서 다음과 같이 설정한다.
페이지 수는 12로 설정하고, Facing Pages는 체크 한 상태로 두고. 페이지 사이즈는 A4용지 세로 방향으로 반 페이지(105x297mm) 크기로 설정한다. 또한 Margins(여백)은 모두 5mm로 설정하고 OK한다.

New Document

Document Preset:	[Custom] ▼	OK
Intent:	Print ▼	Reset
Number of Pages:	12 ☑ Facing Pages	Save Preset...
Start Page #:	1 ☐ Primary Text Frame	Fewer Options

Page Size: [Custom] ▼

Width: 105 mm   Orientation: 🔲 🔳

Height: 297 mm

Columns

Number: 1   Gutter: 4.233 mm

Margins

Top: 5 mm   Inside: 5 mm

Bottom: 5 mm   Outside: 5 mm

Bleed and Slug

	Top	Bottom	Inside	Outside	
Bleed:	0 mm	0 mm	0 mm	0 mm	🔒
Slug:	0 mm	0 mm	0 mm	0 mm	

그림 53

02 글자에 배경 이미지 보여주기

❶ 책 표지가 될 첫 페이지에서, 〈File〉-〈Place〉메뉴를 선택하고 이미지를 배치한다.

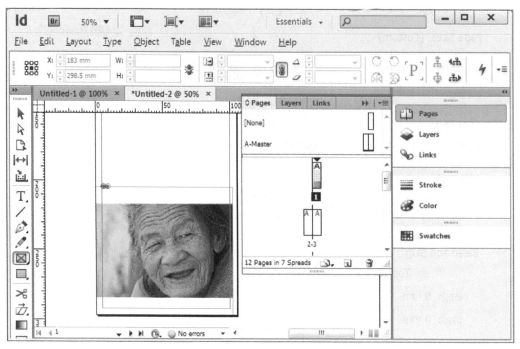

그림 54

❷ Rectangle(사각) 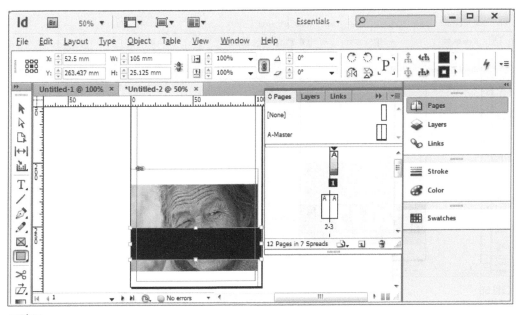 도구를 이용해서 사각형을 이미지위에 배치한다. 채우기 색을 검은
색으로 설정한다.

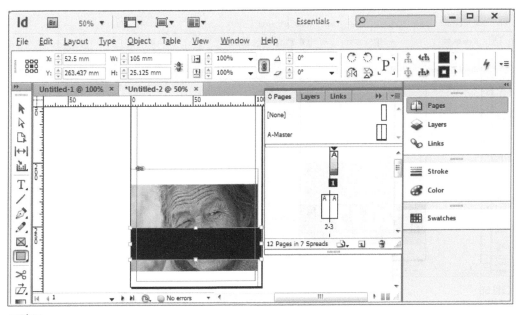

그림 55

❸ Type(문자) T. 도구를 이용해서 앞에서 배치한 사각형 위에 텍스트 자리를 배치하고 글자를 입력한다. 글자 색을 흰색으로 설정해서 잘 보이도록 한다.

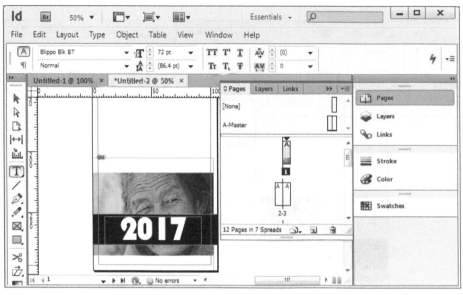

그림 56

❹ 글자가 입력된 텍스트 프레임을 선택하고 〈Window〉-〈Effects〉메뉴를 선택한다.

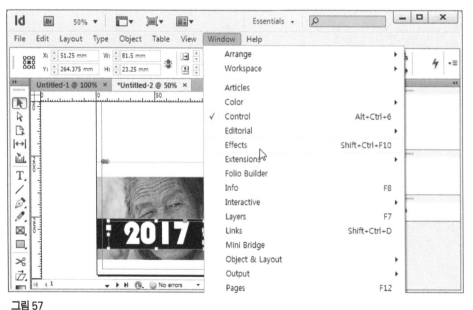

그림 57

❺ [Effects]패널에서 Text의 Opacity(투명도)를 0%로 설정한다. 글자가 사라지는 것처럼 보인다.

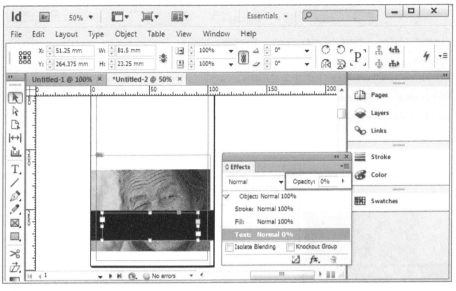

그림 58

❻ 검은색으로 채운 사각형과 텍스트 상자를 모두 선택하고 〈Object〉-〈Group〉메뉴를 선택한 다음 [Effects]패널에서 Knockout Group 체크박스를 체크한다.

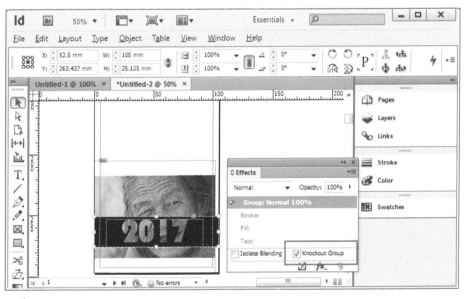

그림 59

❼ 검은색 상자의 투명도를 원하는 값으로 조절한다.

그림 60

03 단락 시작표시문자 사용하기

❶ Type(문자) T. 도구를 이용해서 문자 영역을 배치하고, 책의 제목을 입력한다.

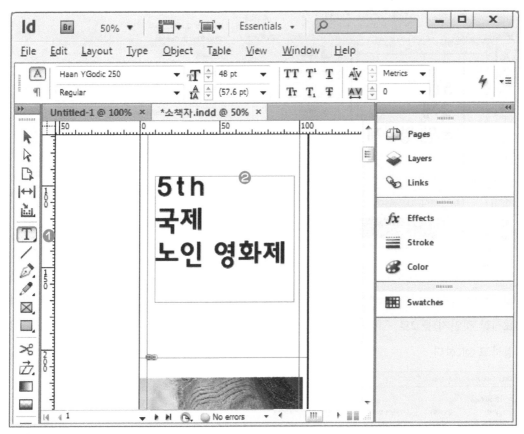

그림 61

❷ Type(문자) T. 도구가 선택된 상태에서 텍스트 프레임 안에 커서를 두고, 컨트롤 패널 오른쪽 끝의 팝업메뉴 ⚏ 아이콘을 누른 다음 〈Drop Caps and Nested Styles〉메뉴를 선택한다.

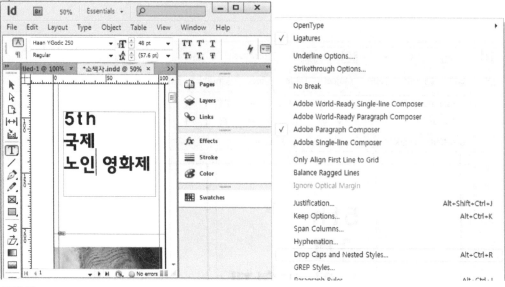

그림 62

❸ [Drop Caps and Nested Styles] 대화상자에서 Lines(단락 시작 표시 문자를 몇 줄에 걸쳐 표시할 것인지)를 2로, Characters(몇 개의 문자를 시작 표시 문자로 정할 것인지)를 1로 설정하고 OK한다.

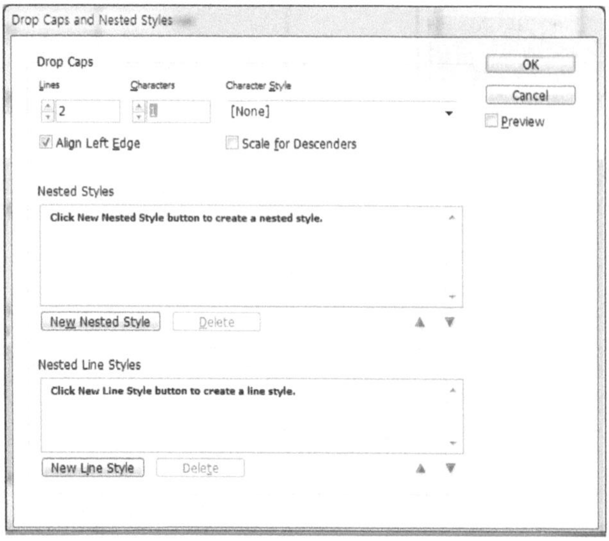

그림 63

❹ 다음과 같이 단락 시작 문자는 한 개의 문자로 설정되고, 2줄에 걸쳐서 표시된다.

그림 64

 잠깐만!!

단락 표시 문자를 제거하려면, [Drop Caps and Nested Styles] 대화상자에서 Lines 또는 Characters 값을 0으로 설정하면 된다.

04 펜 도구로 꺾은 선 만들기

❶ 두 번째 페이지를 선택하고 Type(문자) T. 도구를 이용해서 문자를 입력한다.

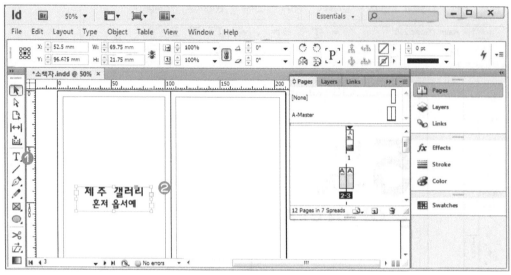

그림 65

❷ Pen 도구를 선택하고 글자 끝에서 한번 클릭, 그 지점과 가로로 동일 선상에서 텍스트 프레임 영역 라인에서 클릭, 그리고 텍스트 프레임 오른쪽 모서리에서 클릭한 다음 마지막으로 그 지점과 가로로 동일 선상에서 페이지 여백 라인에서 클릭한다.

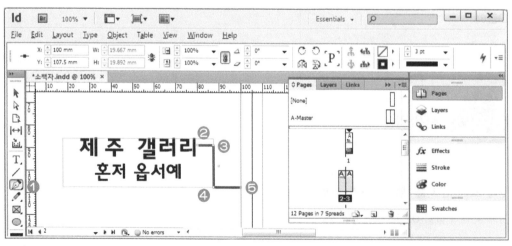

그림 66

❸ [Stroke]패널을 열고(⟨Window⟩–⟨Stroke⟩) Weight(굵기)는 2pt로, Start는 채워진 원으로 시작하는 형태로, 그리고 End는 화살표로 끝나는 형태로 선택한다.

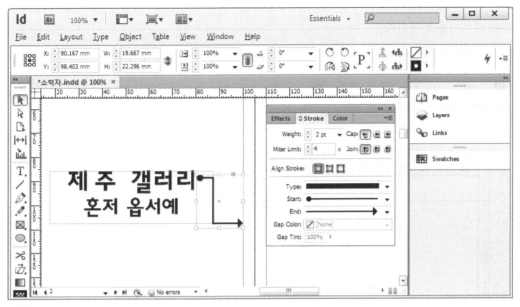

그림 67

05 문자 회전하기

❶ 모든 페이지에 들어갈 머리글 성격의 내용을 만들기 위해 [Pages]패널에서 A-Master의 오른쪽 페이지를 선택한다.

❷ Type(문자) T. 도구를 이용해서 문자를 입력하고 문자 색상을 설정한다.

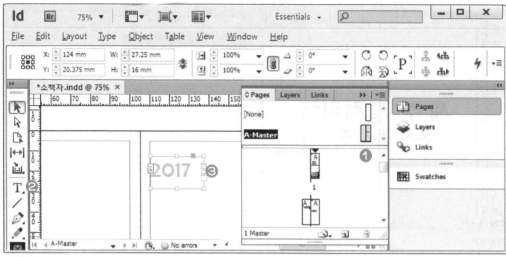

그림 68

❸ 문자가 입력된 텍스트 프레임을 선택하고 제어판 패널에서 회전 입력 값에 90을 입력한다.

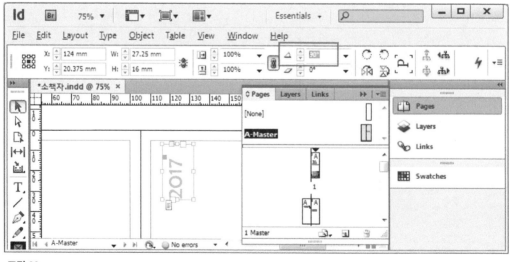

그림 69

06 자간 간격 조정하기

❶ Type(문자) T. 도구를 이용해서 문자를 입력한다. 키워드가 될 문자만 색상을 변경한다.

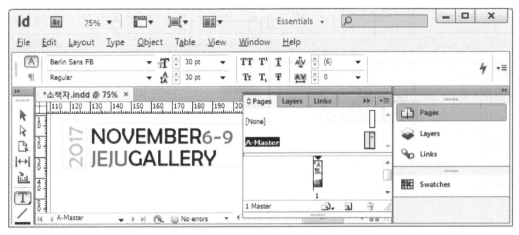

그림 70

❷ 입력한 첫 번째 줄의 글자에서 숫자와 문자의 크기가 맞지 않다면 문자만 선택한 다음, 사이즈를 변경해서 숫자 크기와 맞춘다.

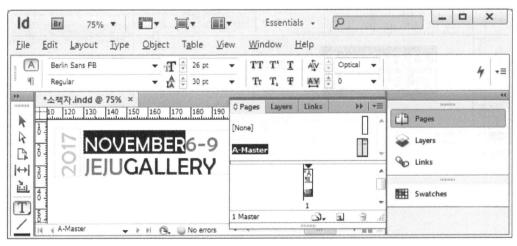

그림 71

❸ 윗줄에 입력한 글자 간격 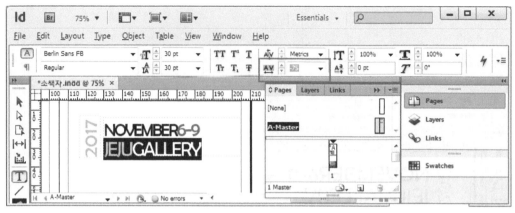 을 설정하고, 아랫줄에 입력한 글자 간격을 값을 변경해가면서 윗줄에 입력한 글자 폭과 맞춘다.

그림 72

❹ 왼쪽에 회전한 문자와 전체 높이를 맞추기 위해 행 간격 을 조절해서 맞춘다.

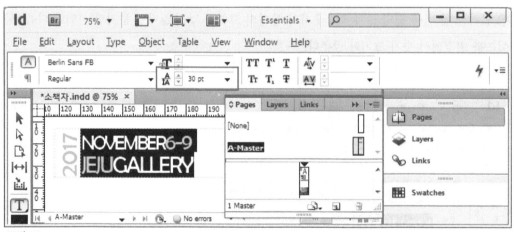

그림 73

07 패스에 입력된 문자에 효과 적용하기

❶ A-Master에서 양쪽 페이지 가운데 위치에 선을 그리고 Type on a Path(패스에 문자입력) 도구를 선택한 다음 양쪽 페이지에 걸쳐서 문자를 입력한다. 문자를 입력하기 전에 글꼴 과 크기를 설정하고 작업하면 편하다.

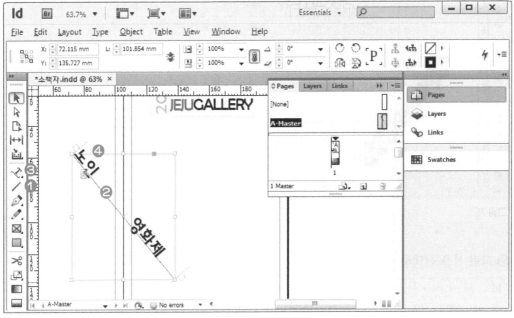

그림 74

❷ 입력한 글자를 블록 선택한 다음, Type on a Type(패스에 문자입력) 도구를 더블 클릭한다. 그리고 [Type on Path] 옵션 상자에서 Effect(효과)를 Stair Step(계단)으로, Align (정렬)을 Ascender(순차적)로 설정하고 OK한다.

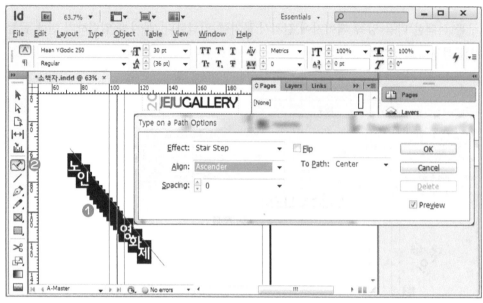

그림 75

❸ 그린 선을 선택하고 Stroke(획) 색상을 None으로 설정해서 감춘다.

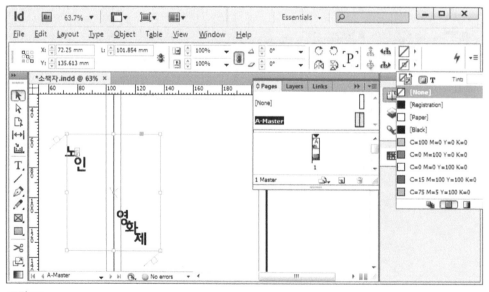

그림 76

❹ 입력한 문자의 첫 글자에서 마지막 글자까지 선을 다시 긋고 선의 굵기와 색상, 그리고 형태를 설정한다.

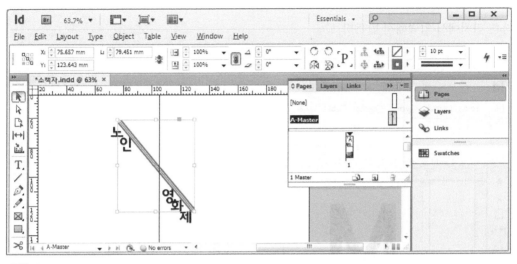

그림 77

08 패스파인더를 이용한 로고 만들기

❶ 겉표지 뒷장이 되는 맨 마지막 페이지를 선택하고 간단한 로고를 만들기 위해 한 문자씩
다른 위치에서 입력해서 만든다.

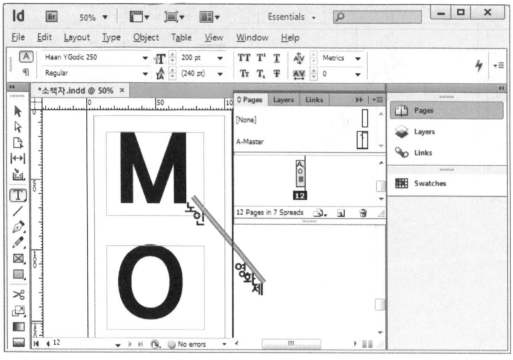

그림 78

❷ 한 글자를 선택하고 〈Type〉-〈Create Outline〉메뉴를 선택한다. 다른 글자도 같은 작업을 해준다.

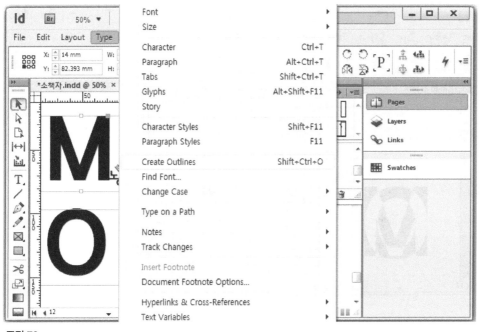

그림 79

❸ 두 개의 문자를 겹쳐 놓는다.

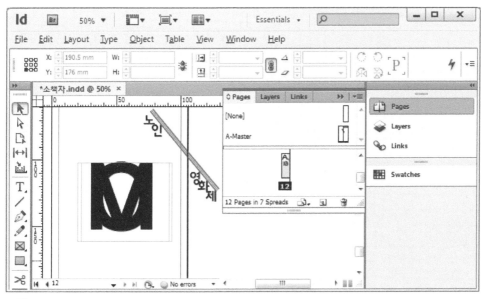

그림 80

❹ 두개의 글자 모두 선택하고, 〈Object〉-〈Pathfinder〉-〈Exclude Overlap〉메뉴를 선택한다.

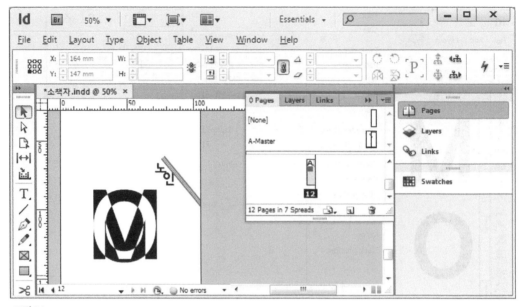

그림 81

09 글자에 그림자 효과 주기

❶ 페이지 번호를 입력하기 위해, A-Master 왼쪽 페이지를 선택하고 Type(문자)도구를 이용해서 자리 배치를 한 다음, 〈Type〉-〈Insert Special Character〉-〈Markers〉-〈Current Page Number〉메뉴를 선택한다. 글꼴과 크기, 그리고 글자 색상을 설정한다.

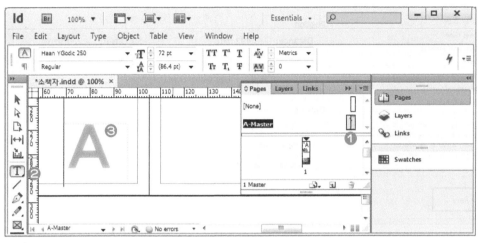

그림 82

❷ 페이지 번호가 입력된 텍스트 프레임이 선택된 상태에서, 〈Window〉-〈Effects〉메뉴를 선택한다. [Effects] 패널에서 아래 아이콘 중 Add an object effect(개체 효과 추가) ⓕⓧ.아이콘을 누른 다음 〈Drop Shadow〉메뉴를 선택한다.

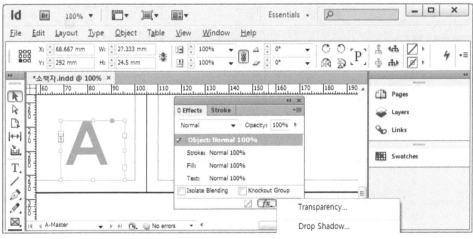

그림 83

❸ [Effects] 옵션 대화상자에서 Preview를 체크하고, 페이지상의 텍스트에 효과가 적용되는 상태를 확인하면서 Mode는 Multiply, Opacity는 50%를 설정하고 OK한다.

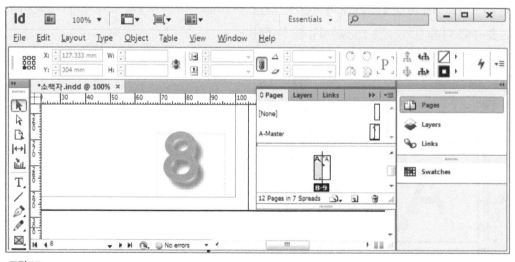

그림 84

❹ 일반 페이지를 선택하고 효과가 적용된 결과를 확인한다.

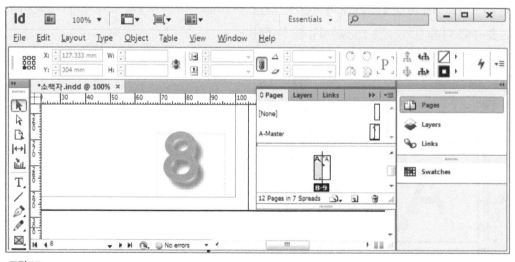

그림 85

⑤ A-Master 왼쪽 페이지에서 효과를 적용한 페이지 번호 개체를 선택하고 Shift + Alt 를 누른 상태로 오른쪽 페이지로 드래그해서 복사한다.

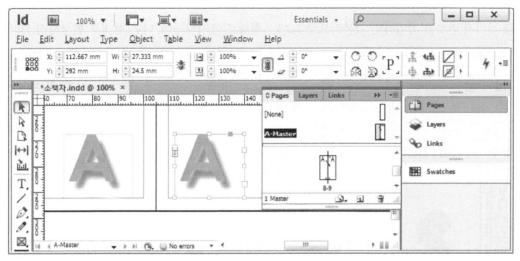

그림 86

10 페이지 번호 형태 변경하기

❶ 페이지 번호를 삽입하면 기본적으로 1,2,3,... 형태로 표시되는데, 다른 형태로 변경하기 위해
일반 페이지를 선택한다. 여기서는 실질적으로 첫 페이지에 해당하는 3 페이지를 선택하였다.

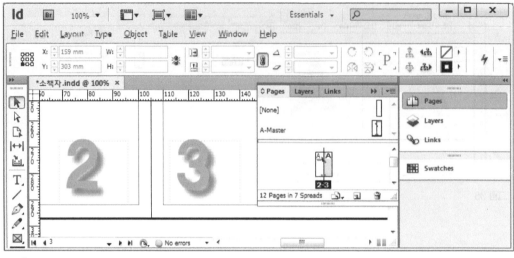

그림 87

❷ 〈Numbering & Section Options〉 메뉴를 선택한 다음, [New Section] 대화상자에서 Start
Page Numbering at 값을 1로 설정하고 Style을 01, 02, 03 …으로 선택하고 OK한다.

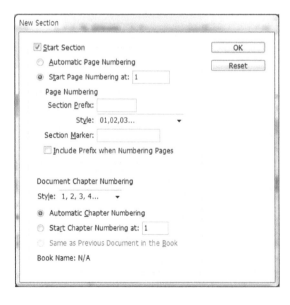

그림 88

❸ 페이지 번호 형태가 변경되었다. 첫 페이지 번호로 시작되었는지도 확인한다.

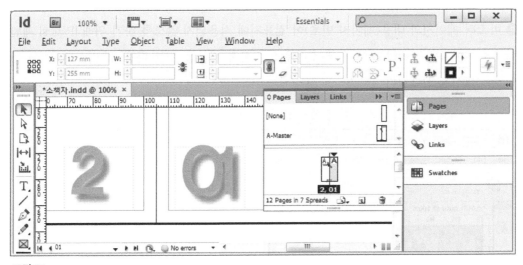

그림 89

11 마스터 페이지 삭제하기

❶ 마스터 페이지의 내용(페이지 번호)이 겉표지에 적용되지 않도록 하기 위해 [Pages] 패널에서 1 페이지를 선택하고 그 위에서 마우스 오른쪽 버튼을 누른 다음, ⟨Apply Master to Pages⟩메뉴를 선택한다.

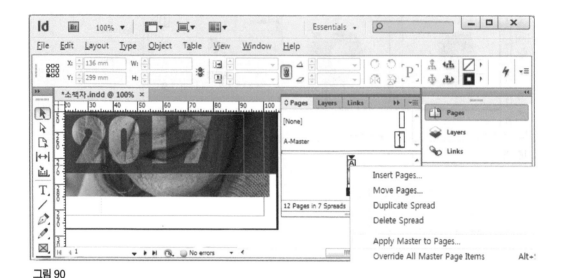

그림 90

❷ 다음 [Apply Master] 대화상자가 열리면, Apply Master 항목에서 [None]을 선택하고 OK 한다.

그림 91

❸ 2페이지와 마지막 페이지인 12페이지에도 단계 ❷의 작업을 수행한다.

12 중철 제본으로 인쇄하기

중철 제본에서는 전체 페이지 수가 8페이지라면 다음과 같이 1페이지와 8페이지가 한 장에 인쇄된다. 현재, 작업은 총 12페이지이므로 1페이지의 내용과 12페이지의 내용이 a4용지 한 쪽 면에 프린트된다.

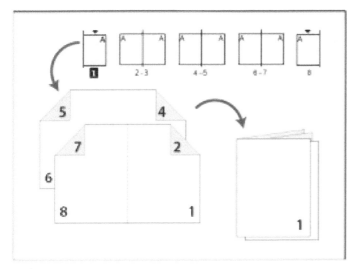

그림 92

❶ 〈File〉–〈Print Booklet〉메뉴를 선택한다.

❷ [Print Booklet] 대화상자에서 Print Preset(프린트 사전설정) 항목의 [Current Document Settings]를 선택하고 아래의 〈Print Settings...〉버튼을 누른다.

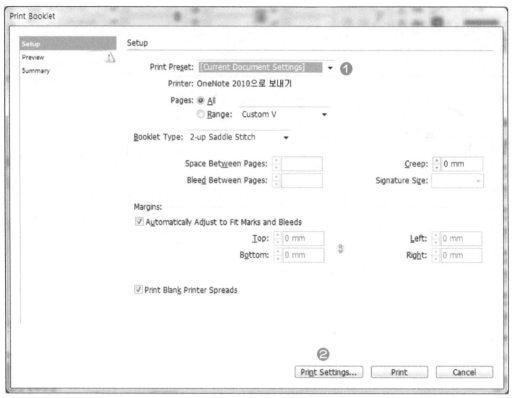

그림 93

❸ 인쇄하기 전에 먼저 PDF로 확인하기 위해, 왼쪽 〈General〉 탭에서 Printer 항목을 [PDF]로 설정한다.

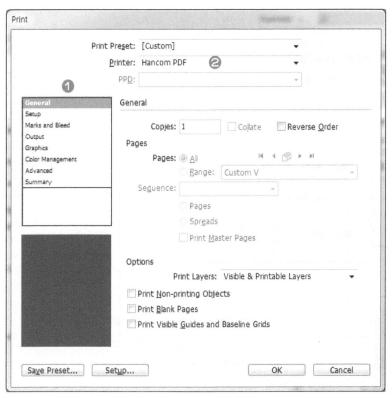

그림 94

❹ 왼쪽 〈Setup〉 탭을 선택하고 사이즈를 선택하는데, 재단선 까지 출력하려면 A4보다 큰 사이즈 용지를 선택해야 한다. 하지만 여기서는 A4 사이즈를 선택하였다.

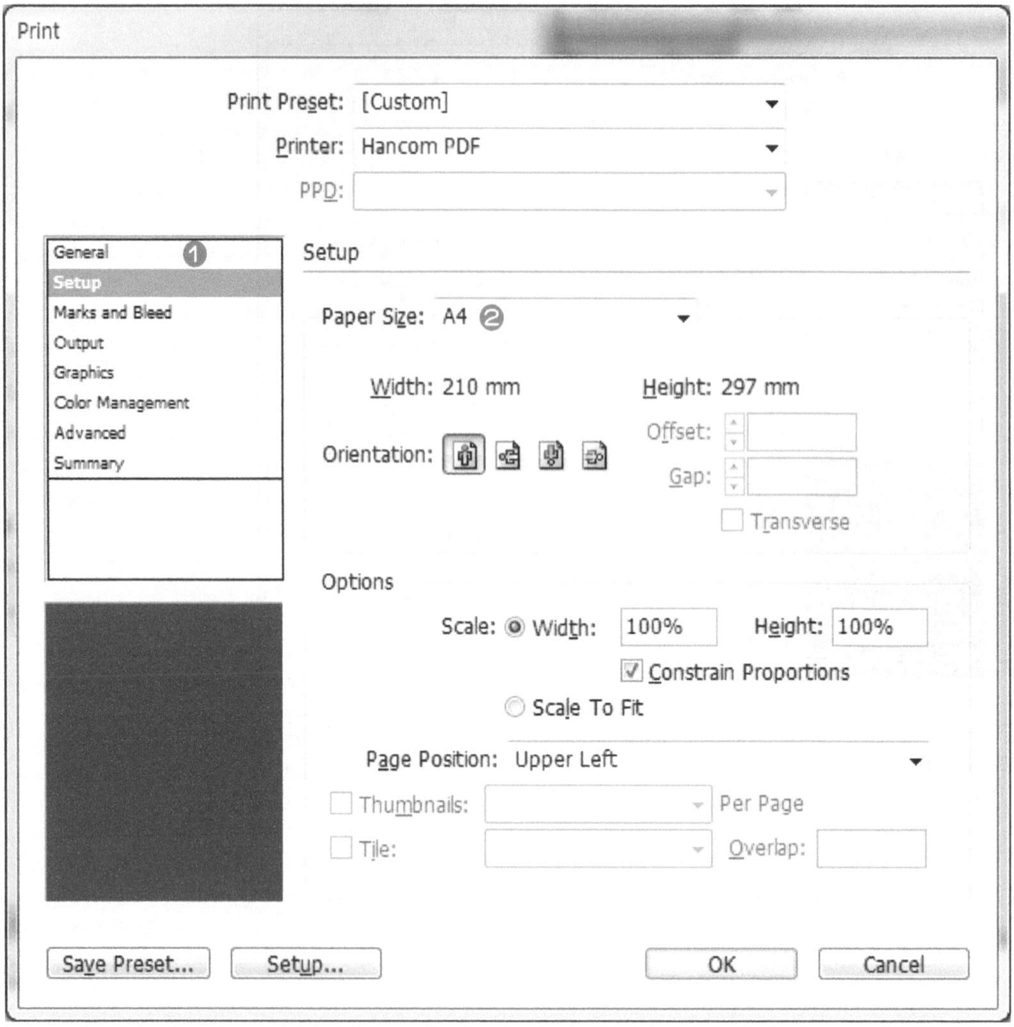

그림 95

❺ 왼쪽 〈Marks and Bleed〉 탭을 선택하고 재단선과 도련선 표시를 포함할지를 설정한다. 여기서는 포함하지 않았다. OK한다.

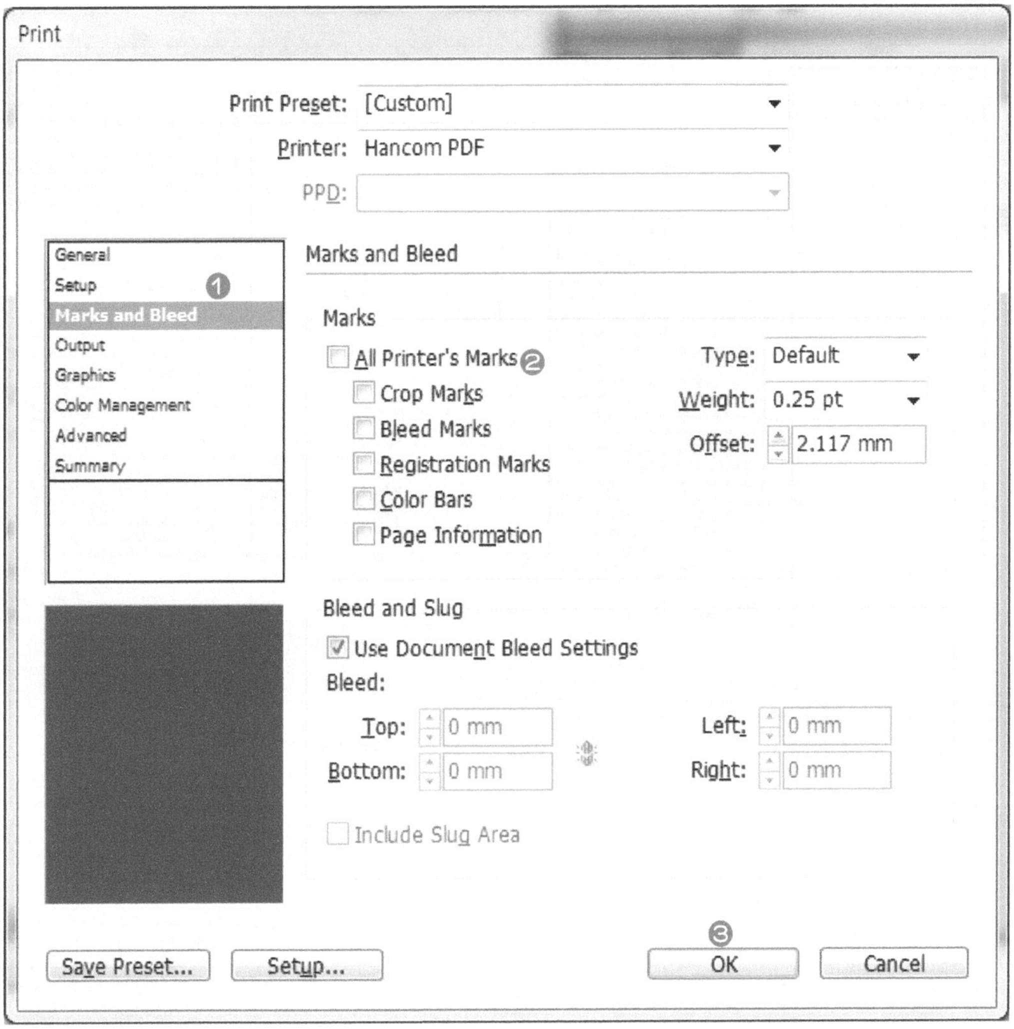

Print

Print Preset: [Custom] ▼

Printer: Hancom PDF ▼

PPD: ▼

General
Setup ❶
Marks and Bleed
Output
Graphics
Color Management
Advanced
Summary

Marks and Bleed

Marks

☐ All Printer's Marks ❷   Typе: Default ▼
    ☐ Crop Mar<u>k</u>s   Weight: 0.25 pt ▼
    ☐ B<u>l</u>eed Marks   Offset: ▲▼ 2.117 mm
    ☐ <u>R</u>egistration Marks
    ☐ <u>C</u>olor Bars
    ☐ Page Infor<u>m</u>ation

Bleed and Slug

☑ Use Docume<u>n</u>t Bleed Settings
Bleed:

     <u>T</u>op: ▲▼ 0 mm   Lеft: ▲▼ 0 mm
    <u>B</u>ottom: ▲▼ 0 mm   Ri<u>g</u>ht: ▲▼ 0 mm

☐ Include Slu<u>g</u> Area

❸

Sa<u>v</u>e Preset...   Set<u>u</u>p...   OK   Cancel

그림 96

⑥ [Print Booklet] 대화상자에서 왼쪽의 Preview탭을 누른다. 페이지가 인쇄되는 순서와 내용을 확인한다. 아래의 〈Print〉 버튼을 누른다.

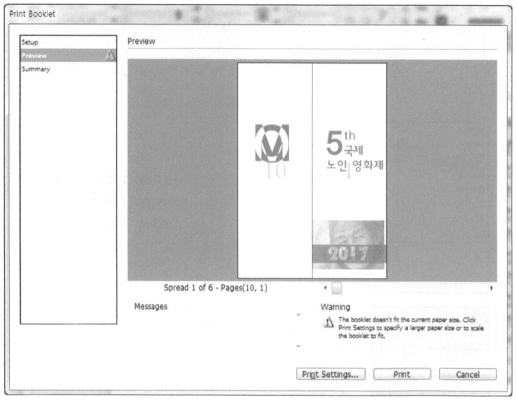

그림 97

❼ [다른 이름으로 pdf저장] 대화상자에서 저장할 위치와 파일명을 입력하고 〈저장〉버튼을
누른다.

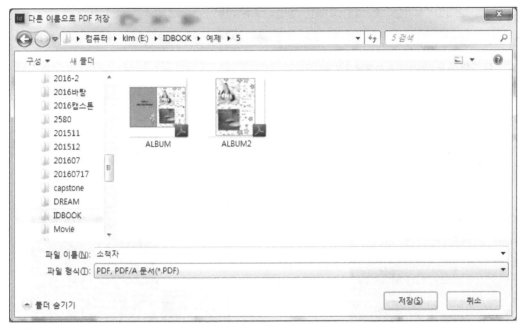

그림 98

❽ 저장된 pdf파일을 열어서 확인한다.

그림 99

실 ı 습 ı 예 ı 제 ❷

앞에서 제작한 소책자에서 마스터페이지에 배경과 자리배치를 디자인하고 속 페이지의 내용
을 채워서 소책자를 완성한다.

마스터 페이지 레이아웃

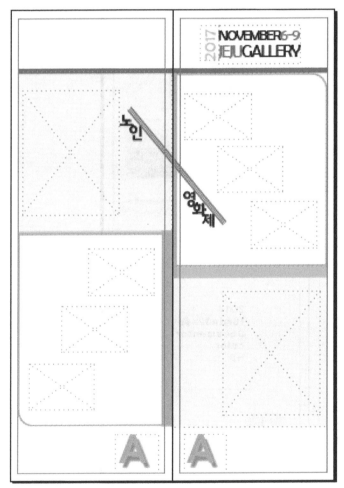

그림 100

2~3페이지

그림 101

4~5페이지(속 페이지 내에서는 2~3페이지)

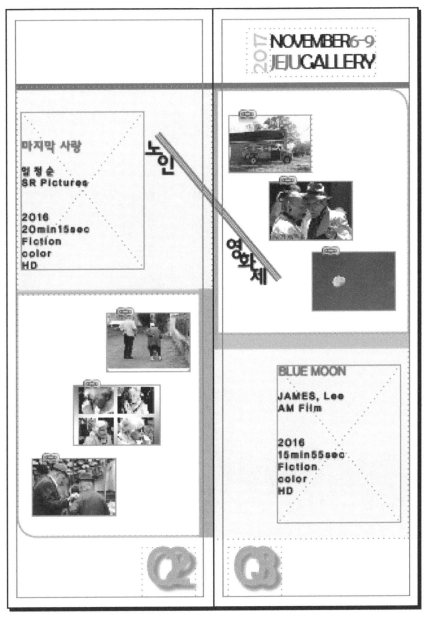

그림 102

달력을 만들면서 표 기능 배우기

학습내용

- 셀 나누고 합치기
- 셀안에서 표 만들기
- 셀의 속성 지정하기
- 표 만들기

알파벳 단어장 만들기

01 새문서 만들기

❶ 〈File〉-〈New〉-〈Document〉메뉴를 선택한다.

❷ [New Document] 대화상자에서 다음과 같이 설정한다.

Facing Pages는 체크해제하고 A4사이즈를 가로방향으로 설정한다.

Margins(여백)은 모두 3mm로 설정하고 OK한다.

New Document		
Document Preset: [Custom] ▼		OK
Intent: Print ▼		Reset
Number of Pages: 1	☐ Facing Pages	Save Preset...
Start Page #: 1	☐ Primary Text Frame	More Options
Page Size: A4 ▼		
Width: 297 mm	Orientation: 🔲 🔲	
Height: 210 mm		
Columns		
Number: 1	Gutter: 4.233 mm	
Margins		
Top: 3 mm	Left: 3 mm	
Bottom: 3 mm	Right: 3 mm	

그림 1

02 표 만들기

표는 행과 열로 나누어지며 나누어진 하나의 공간을 셀이라고 한다. 한 셀은 텍스트, 그래픽 이미지, 또는 다른 표를 추가할 수 있는 일반적인 텍스트 프레임과 같은 기능을 한다.

표는 반드시 텍스트 프레임 영역 내에서만 만들 수 있기 때문에 Type(문자) ⊤ 도구를 이용해서 영역을 만들어 놓은 다음 그 영역 안에서 테이블을 정의한다.

❶ Type(문자) ⊤ 도구를 선택하고 테이블을 만들 위치에 드래그해서 자리를 잡는다.

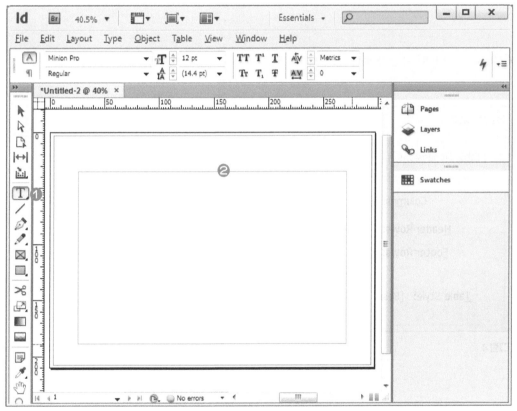

그림 2

❷ 커서가 텍스트 프레임 안에 있는 상태에서 〈Table〉–〈Insert Table〉 메뉴를 선택한다.

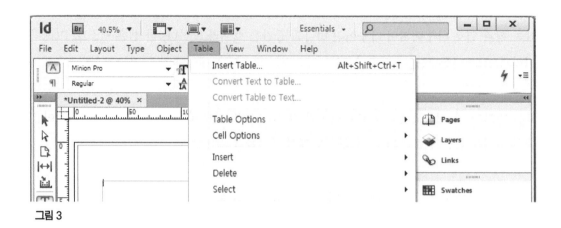

그림 3

❸ [Insert Table]대화상자에서 Row(줄)를 5로 Column(열)을 4로 설정하고 OK한다.

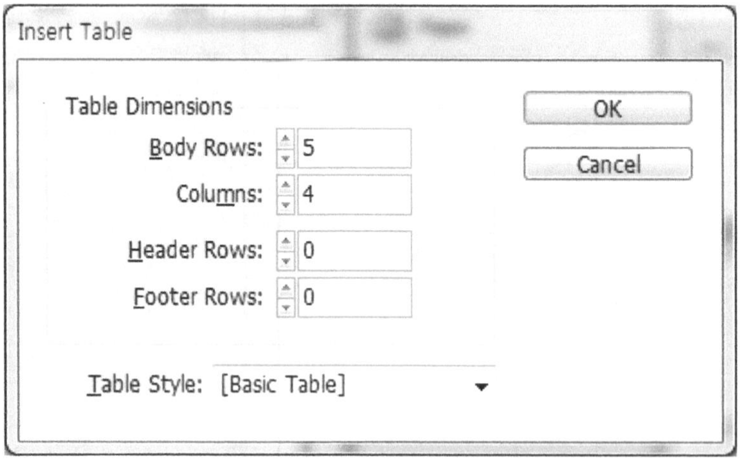

그림 4

❹ 다음과 같이 5줄 4칸의 표가 만들어진다.

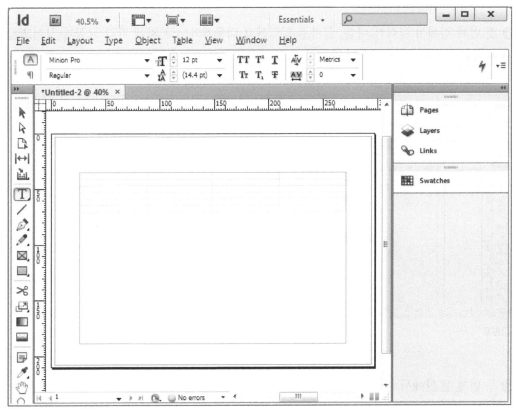

그림 5

03 셀 안에 글자와 이미지 입력하기

❶ 첫 번째 셀에서 클릭한 다음, 글자를 입력하고 대문자와 소문자에 각각 글꼴과 사이즈를 설정한다.

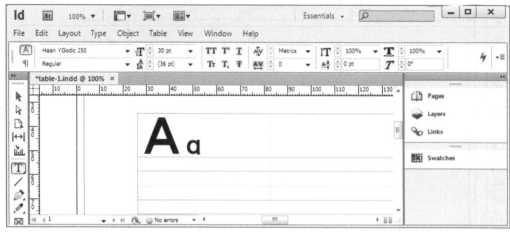

그림 6

❷ 두 번째 셀 안에서 클릭한 다음, 〈File〉–〈Place〉메뉴를 선택하고 이미지파일을 불러온다.

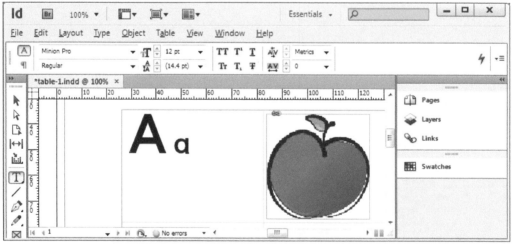

그림 7

잠깐만!!

셀보다 큰 그래픽을 추가하면 셀 높이가 그래픽을 포함할 수 있도록 자동으로 확장되지만 셀의 너비는 변경되지 않기 때문에 그래픽 이미지가 이 셀 오른쪽 선을 벗어 날 수 있다. 또한 고정 높이로 설정된 셀인 경우에는 그래픽 이미지가 셀의 높이보다 크면 셀이 넘치게 된다. 이런 경우, 셀 안에서 그래픽 크기를 조절하기가 불편하므로 표의 외부에서 이미지를 배치한 다음 이미지 크기를 조정하고 나서 표 셀에 복사해서 붙여 넣는 방법이 편하다.

❸ 이미지를 배치한 셀의 바로 아래 셀을 클릭하고 문자를 입력한다.

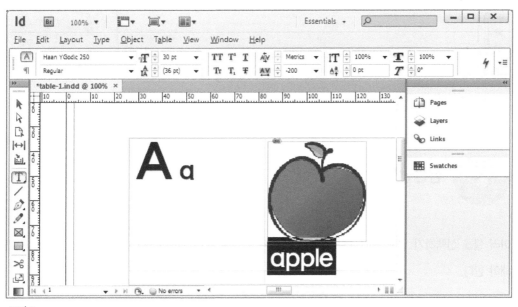

그림 8

04 셀 합치기

❶ 첫 번째 셀과 첫 번째 셀 바로 아래 셀을 하나의 셀로 합치기 위해 두 개의 셀을 선택한다.

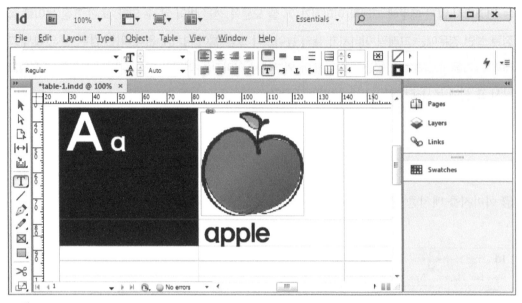

그림 9

 잠깐만!!

여러 셀을 선택하기 위해 드래그할 때, 열 또는 행의 선을 드래그하면 표의 크기가 변경되므로 주의
해야 한다.

❷ 〈Table〉-〈Merge Cells〉메뉴를 선택한다.

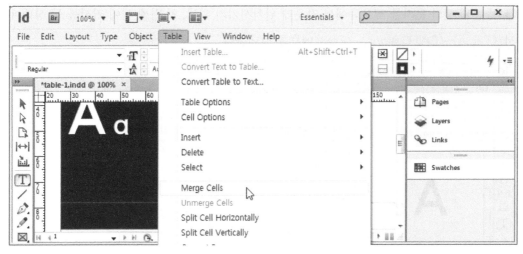

그림 10

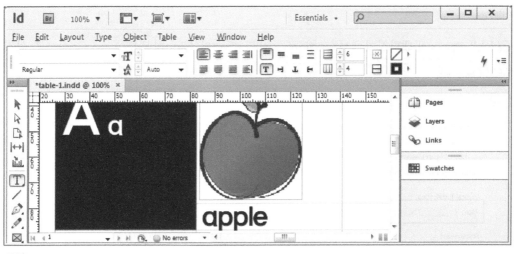

그림 11

05 속성 설정하기

❶ 첫 번째 셀의 문자를 세로축에서 가운데 위치시키기 위해, 첫 번째 셀에 커서를 둔 상태에서, 〈Table〉-〈Cell Options〉-〈Text〉메뉴를 선택한다.

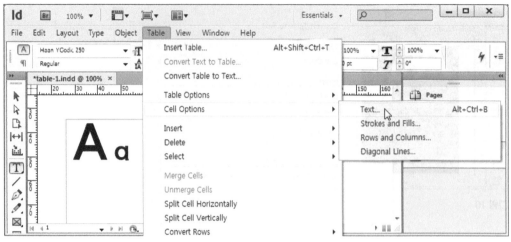

그림 12

❷ [Cell Options] 대화상자에서 Vertical Justification의 Align항목을 Align Center로 설정하고 OK한다.

그림 13

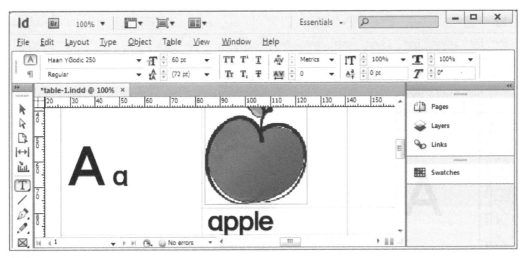

그림 14

❸ 이미지가 배치된 셀과 그 아래 셀을 같이 선택하고 컨트롤 패널에서 Align Center(중앙
정렬)버튼을 클릭한다.

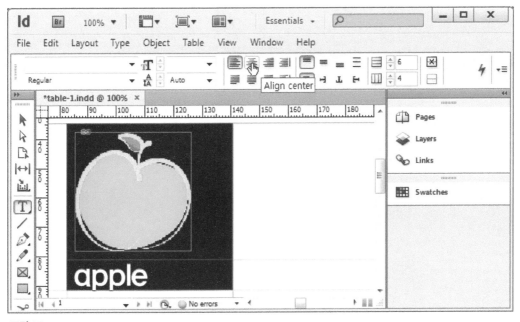

그림 15

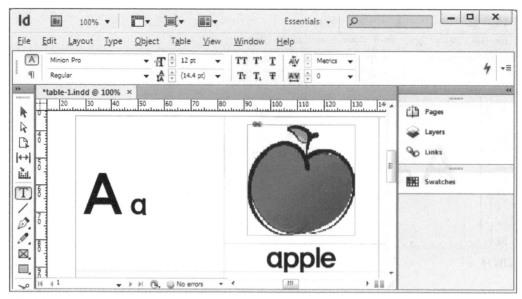

그림 16

06 셀 윤곽선 설정하기

표의 윤곽선이 출력 상에 어떻게 나오는지 확인하기 위해 Screen Mode(화면 모드) 버튼을 눌러서 〈Preview〉를 선택한다.

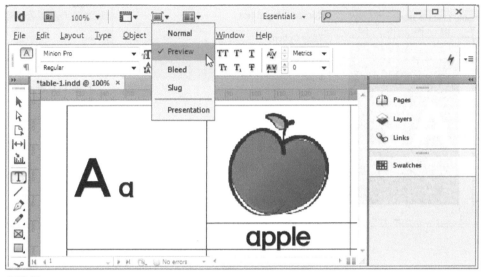

그림 17

❶ 가운데 윤곽선을 없애기 위해, 다음과 같이 셀들을 선택한다.

그림 18

❷ 〈Table〉-〈Cell Options〉-〈Stroke and Fills〉메뉴를 선택한다.

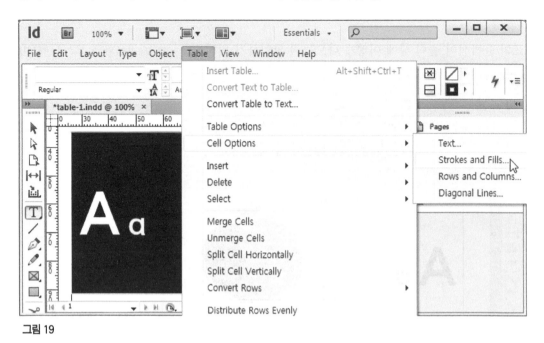

그림 19

❸ 가운데 윤곽선만 선택하기 위해 외곽 선 4개를 각각 클릭해서 선택을 해제한다. Weight
값을 0pt로 설정하고 OK한다.

그림 20

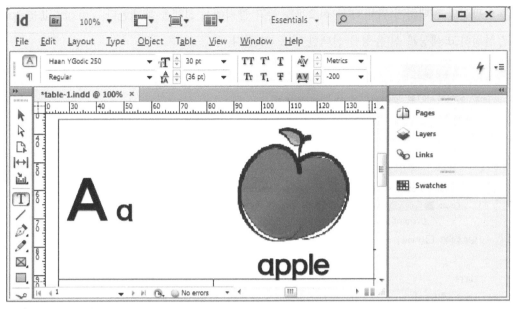

그림 21

❹ 외곽선의 형태를 설정하기 위해 다시 셀들을 선택하고 〈Table〉-〈Cell Options〉-〈Stroke and Fills〉메뉴를 선택한다.

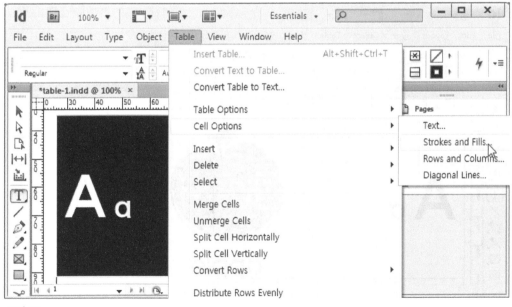

그림 22

⑤ 외곽선만 선택하기 위해 내부 선 2개를 각각 클릭해서 선택을 해제한다. Weight 값을 2pt로 설정하고 색상과 선 유형을 선택한 다음 OK한다.

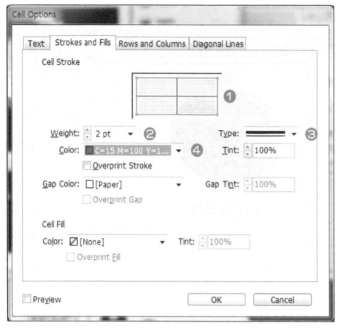

그림 23

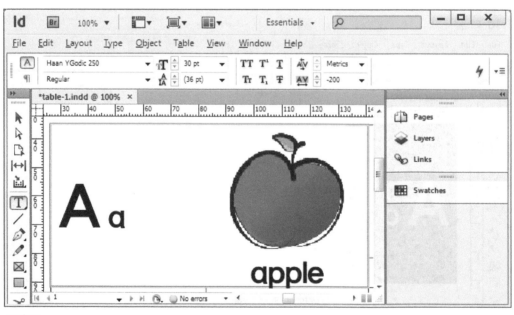

그림 24

07 셀 복사하기

❶ 다음과 같이 셀들을 드래그해서 선택한 다음, Ctrl+C를 눌러서 복사한다.

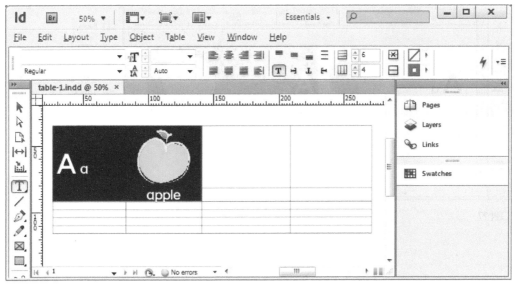

그림 25

❷ 붙여넣기 위해 다음과 같이 셀들을 드래그해서 선택한 다음, Ctrl+V를 눌러서 붙여넣기
한다.

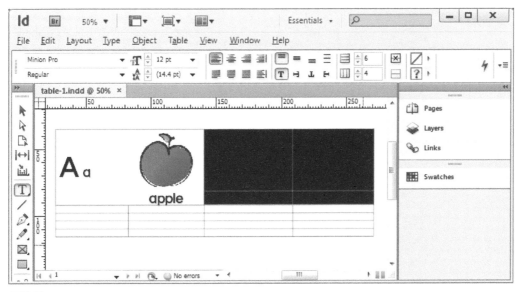

그림 26

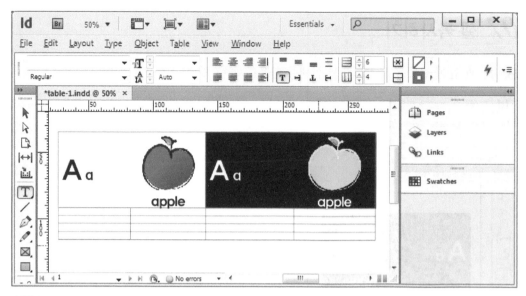

그림 27

08 머리글 행 추가하기

❶ 표 내부에 커서를 둔 상태에서, ⟨Table⟩–⟨Table Options⟩–⟨Header and Footers⟩메뉴를 선택한다.

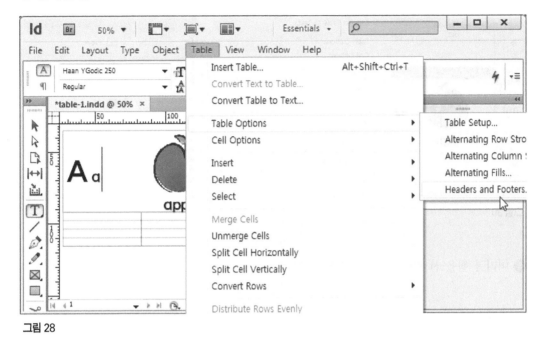

그림 28

❷ [Header and Footers] 대화상자에서 Header Rows(머리 행 수)를 1로 설정하고 OK한다.

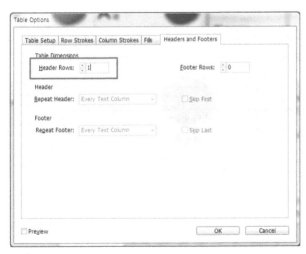

그림 29

❸ 추가된 머리글 행을 드래그해서 선택한 다음, 〈Table〉-〈Merge Cells〉메뉴를 선택한다.

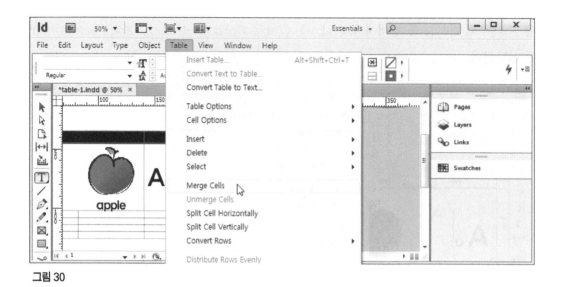

그림 30

❹ 머리글 행을 선택하고 텍스트를 입력한다.

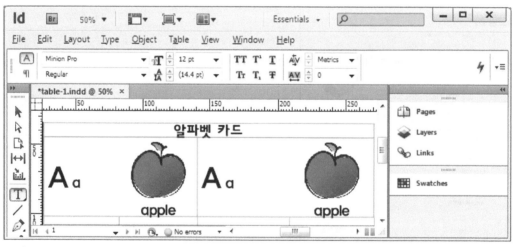

그림 31

09 행 추가하기

❶ 추가하려는 행의 위치에 있는 한 셀에 커서를 두고 〈Table〉–〈Insert〉–〈Row〉메뉴를 선택한다.

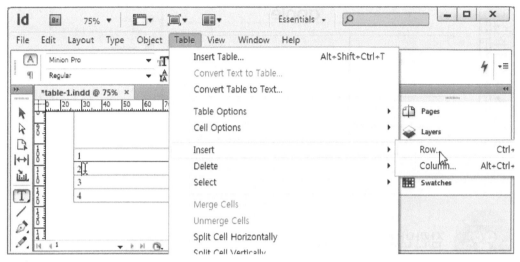

그림 32

❷ 추가하려는 행의 개수를 입력하고, 앞에서 커서를 둔 셀 위치에서 위와 아래 중 어느 쪽에 추가할 것인지 선택한 다음 OK 한다.

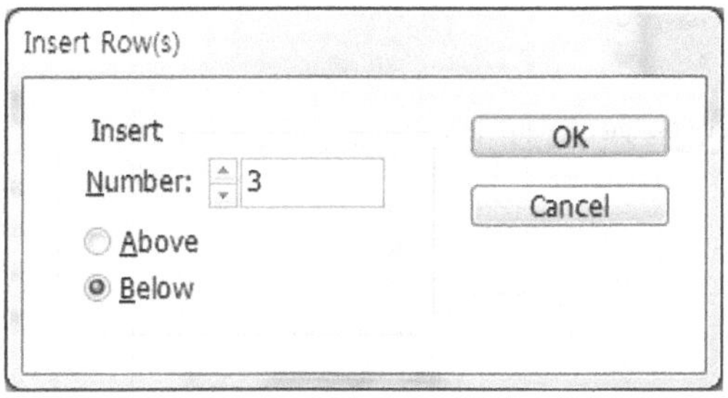

그림 33

다음과 같이 아래쪽에 3개의 행이 추가되었다.

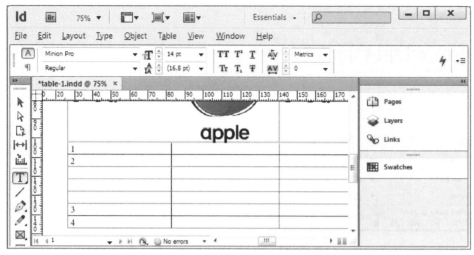

그림 34

 잠깐만!!

열을 추가할 경우에도 마찬가지 방법을 진행하면 된다. 다음은 숫자 2가 입력된 셀을 선택한 상태에서 〈Table〉-〈Insert〉-〈Column〉메뉴를 선택한 다음, 2개와 Left를 선택한 결과이다.

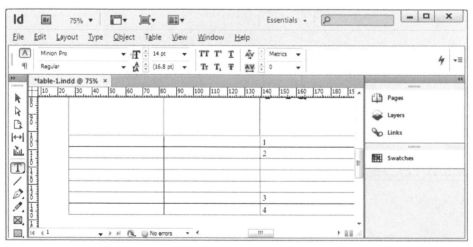

그림 35

10 행/열 삭제하기

앞에서 추가한 행과 열을 삭제해 보자.

❶ 삭제하려는 열 또는 행에서 한 셀에 커서를 둔 다음, 〈Table〉-〈Delete〉-〈Column〉/〈Row〉메뉴를 선택한다.

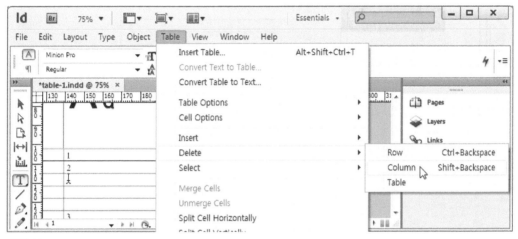

그림 36

 잠깐만!!

연속된 열과 행을 삭제하려면 다음과 같이 드래그해서 셀들을 선택한 다음, 〈Table〉-〈Delete〉-〈Column〉/〈Row〉메뉴를 선택한다.

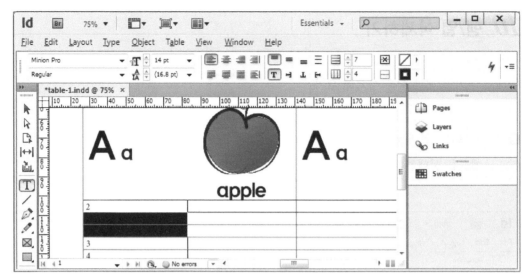

그림 37

11 셀을 나누기

❶ 나누려는 셀에 커서를 둔 다음, 〈Table〉메뉴에서 가로로 나누려면 〈Split Cell Horizontally〉메뉴를, 세로로 나누려면 〈Split Cell Vertically〉메뉴를 선택한다.

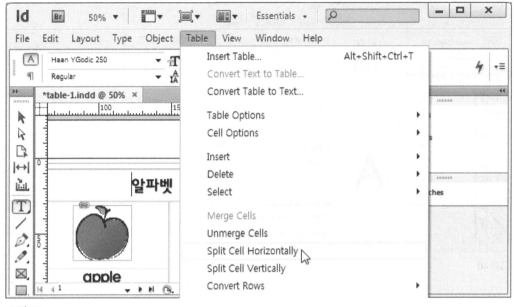

그림 38

❷ 다음은 〈Split Cell Horizontally〉메뉴를 선택한 결과이다.

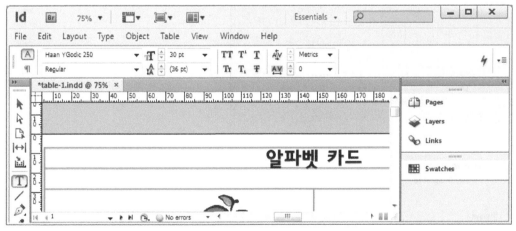

그림 39

12 셀의 배경색 설정하기

❶ 셀에 커서를 둔 다음, 〈Table〉–〈Cell Options〉–〈Strokes and Fills〉메뉴를 선택한다.

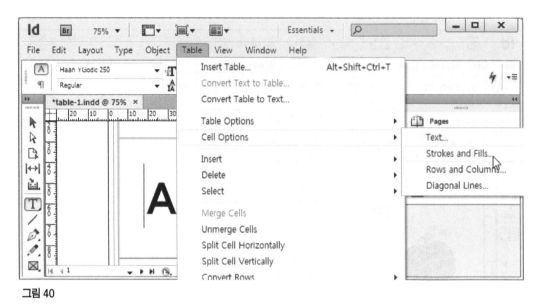

그림 40

❷ [Cell Options] 대화상자에서 Cell Fill 영역의 Color와 Tint 값을 설정하고 OK한다.

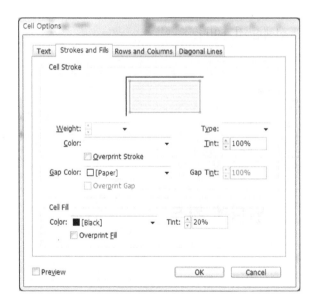

그림 41

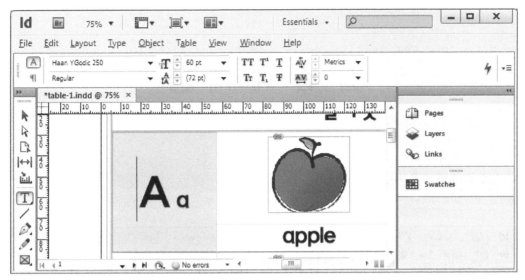

그림 42

실 | 습 | 예 | 제 1

다음과 같이 알파벳 카드를 완성한다.

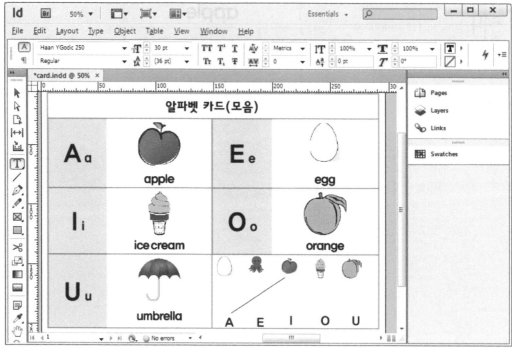

그림 43

Level UP 단계

달력 만들기

01 새 문서 만들기

❶ 〈File〉-〈New〉-〈Document〉메뉴를 선택한다.

❷ [New Document] 대화상자에서 다음과 같이 설정한다.

페이지 수는 12로 설정하고, Facing Pages는 체크해제하며. 페이지 사이즈는 A4용지, 또한 Margins(여백)은 모두 3mm로 설정하고 OK한다.

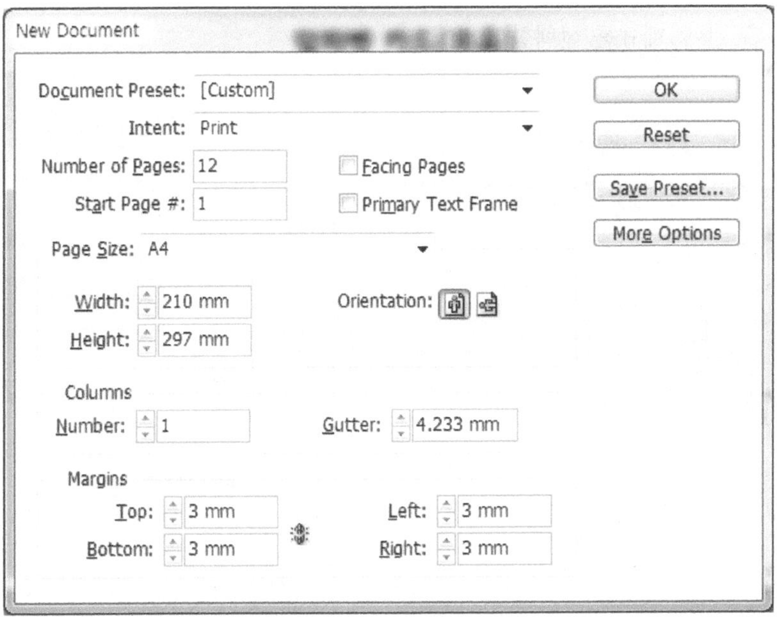

그림 44

02 마스터페이지에서 달력 칸 만들기

❶ [Pages] 패널에서 마스터 페이지를 선택한다.

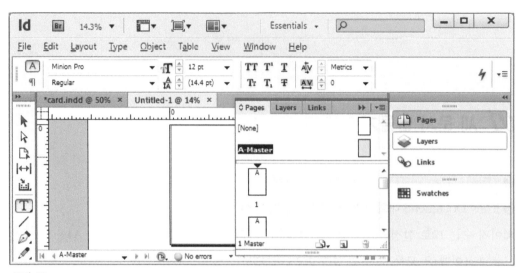

그림 45

❷ 〈Layout〉-〈Create Guides〉메뉴를 선택한다.

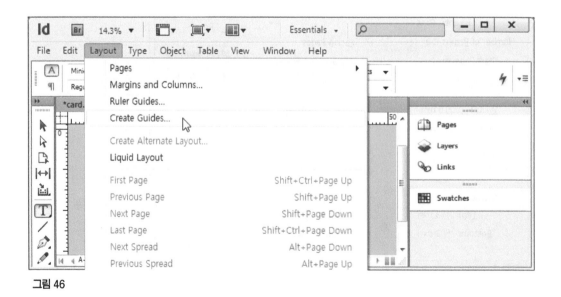

그림 46

❸ [Create Guides] 대화상자에서 Rows의 Number(갯수)와 Columns의 Number(갯수)를 2로 설정하고 Gutter(간격)을 0으로 설정하고 OK한다.

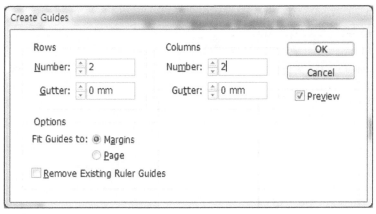

그림 47

❹ 안내선 위쪽 영역에 Rectangle Frame(사각 프레임)⊠도구를 이용해서 이미지 그래픽을 배치할 영역을 만든다.

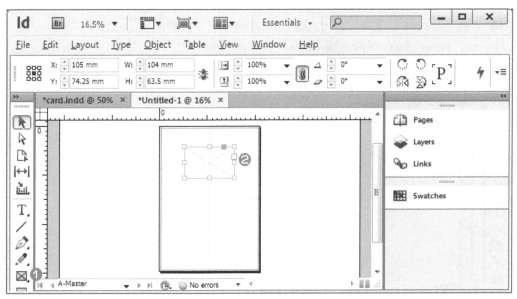

그림 48

❺ 안내선 아래쪽 영역에 Type(문자) T 도구를 이용해서 표가 들어갈 영역을 만든다.

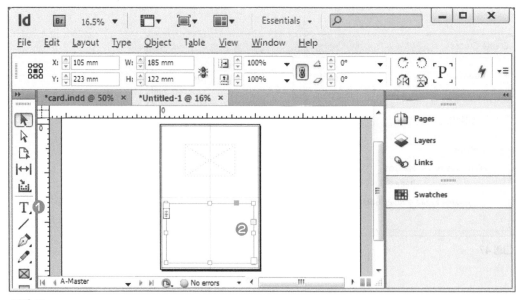

그림 49

❻ 텍스트 프레임 안에 커서를 둔 상태에서, 〈Table〉-〈Insert Table〉 메뉴를 선택한다.

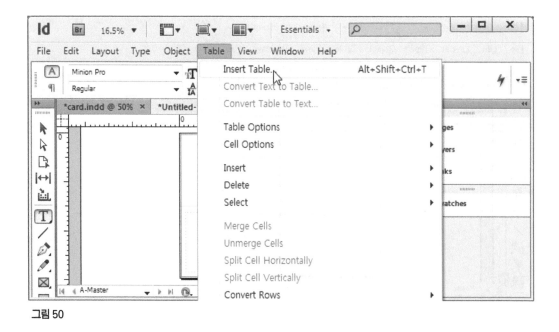

그림 50

❼ [Insert Table] 대화상자에서 Rows와 Columns의 수를 모두 7을 설정하고 OK한다.

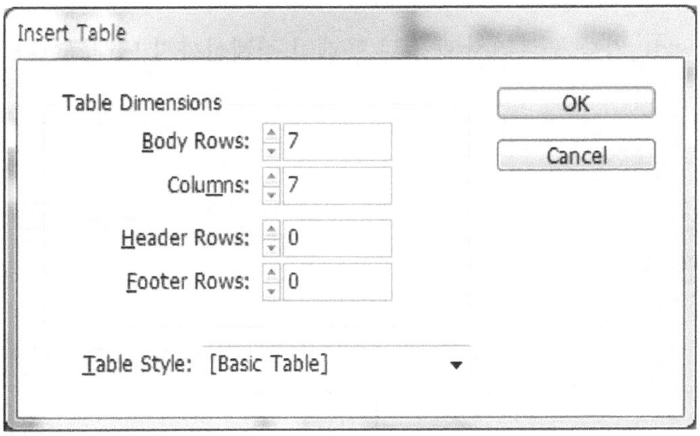

그림 51

03 행의 높이를 일률적으로 변경하기

❶ 만들어진 표의 맨 아래 선을 Shift 키를 누르면서 텍스트 프레임 경계선까지 드래그한다.
줄의 높이가 일률적으로 조정된다.

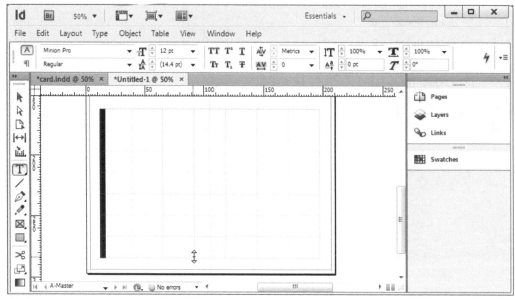

그림 52

04 셀의 속성 변경하기

❶ 첫 번째 행을 선택하고, 〈Table〉-〈Merge Cells〉 메뉴를 선택한다.

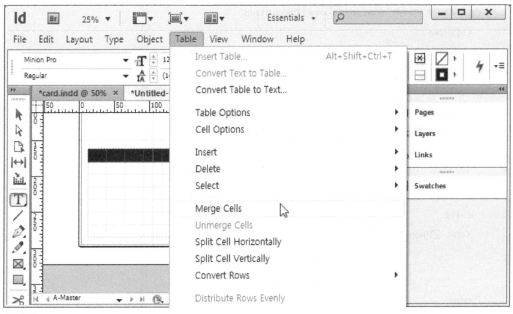

그림 53

❷ 합쳐진 셀을 선택한 상태에서, 〈Table〉-〈Cell Options〉-〈Stroke and Fills〉메뉴를 선택한다.

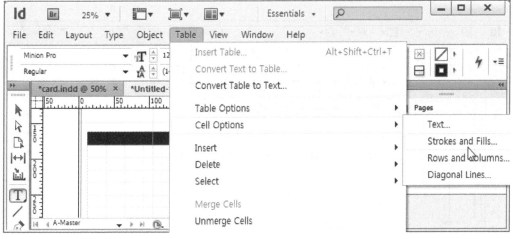

그림 54

❸ [Stroke and Fills] 대화상자에서 아래 외곽선을 클릭해서 제외시킨 다음, Weight 값을 0pt 로 설정하고 OK한다.

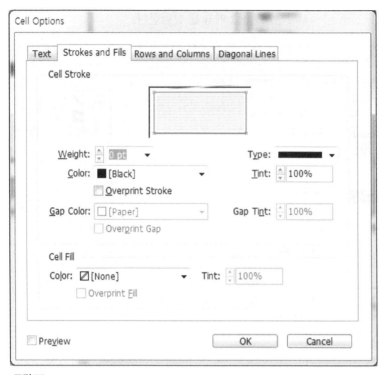

그림 55

❹ 두 번째 행에 다음과 같이 요일을 입력한다. 행의 높이를 입력한 문자에 맞게 조절한다.

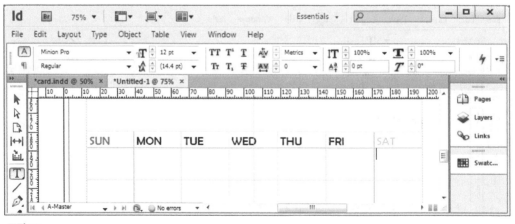

그림 56

❺ 두 번째 행을 선택하고, 〈Table〉–〈Cell Options〉–〈Stroke and Fills〉메뉴를 선택한다.

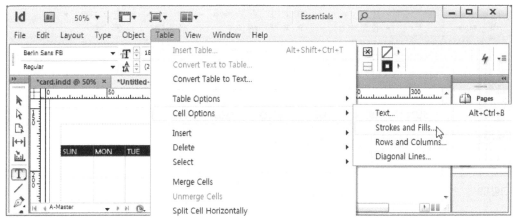

그림 57

❻ Cell Fill의 Color와 Tint 값을 지정하고 OK한다.

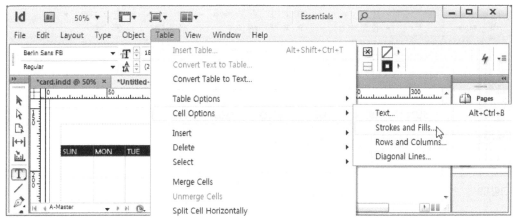

그림 58

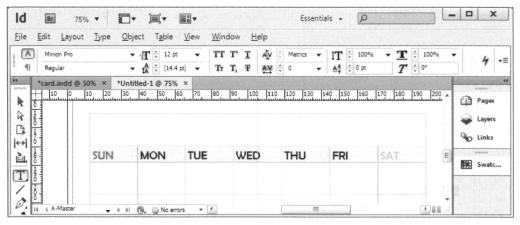

그림 59

05 일반 페이지에서 작업하기

❶ 페이지 패널에서 1페이지를 선택한다.

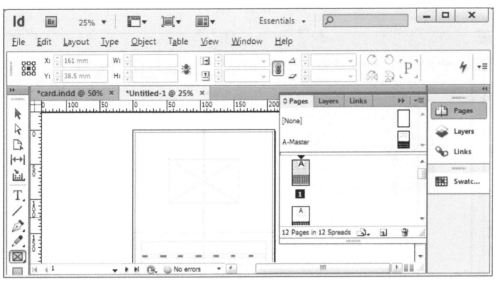

그림 60

❷ 안내선 위쪽 영역에 마스터페이지에서 배치한 프레임에 맞도록 Rectangle Frame(사각

프레임)⊠도구를 이용해서 이미지 그래픽을 배치할 영역을 만든다.

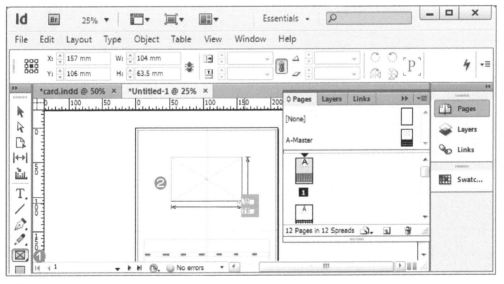

그림 61

❸ 〈File〉−〈Place〉메뉴를 선택하고 그래픽 이미지를 불러와서 배치한다.

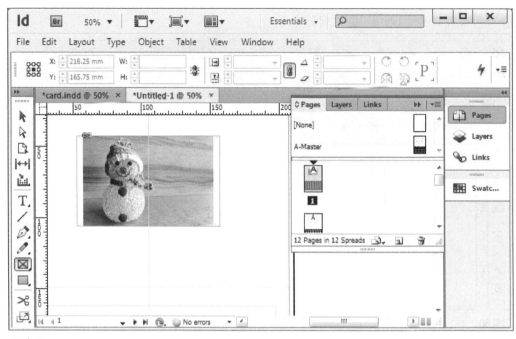

그림 62

06 각 페이지에서 마스터 페이지의 항목 변경하기

❶ [Pages] 패널에서 1페이지가 선택된 상태에서, 메뉴팝업 버튼을 누른 다음〈Override All Master Page Items〉메뉴를 선택한다.

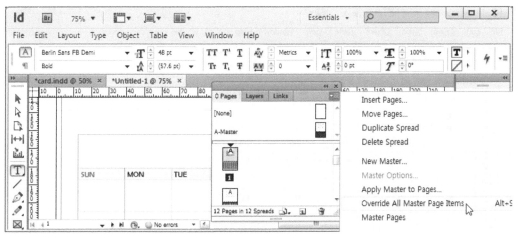

그림 63

❷ 표에서 첫 번째 행 안에 커서를 두고 월을 입력한다.

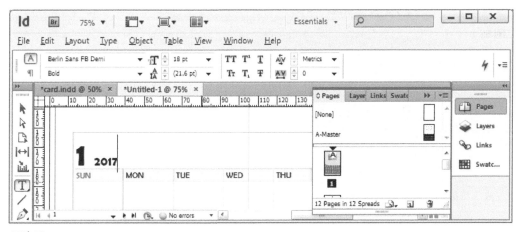

그림 64

❹ 표에서 나머지 셀 안에 날짜를 입력한다. 공휴일과 토요일 날짜의 색상도 변경한다.

tip

셀 간을 이동할 때 🔲키를 이용하면 편하다.

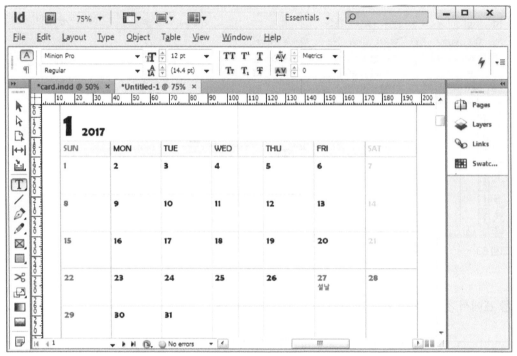

그림 65

실 | 습 | 예 | 제 ②

다음과 같이 한 페이지에 12개월이 모두 나오는 달력을 만들어본다.

Hint

셀 안에 테이블을 만들려면 셀 안에 커서를 둔 상태에서 〈Table〉-〈Insert Table〉메뉴를 선택한다.

그림 69

김은영

- 컴퓨터 공학 박사

- 저서

- 컴퓨터 그래픽스

- 디렉터와 링고

- 멀티미디어 타이틀 제작 지침서 툴북

- 자바스크립트 VB스크립트 홈페이지만들기

- ASP를 이용한 웹프로그래밍

- JSP를 이용한 웹서버 구축

- C# 프로그래밍

- 델파이

UI/UX 디자인을 위한 인디자인 실무

1판 1쇄 인쇄   2017년 02월 15일
1판 1쇄 발행   2017년 02월 25일
저　　자　김은영
발 행 인　이범만
발 행 처　**21세기사** (제406-00015호)
　　　　　경기도 파주시 산남로 72-16 (10882)
　　　　　Tel. 031-942-7861　　　Fax. 031-942-7864
　　　　　E-mail : 21cbook@naver.com
　　　　　Home-page : www.21cbook.co.kr
　　　　　ISBN 978-89-8468-715-8

정가 25,000원